产品精进

产品经理的
全链路打法和自成长

曹顺达 著

电子工业出版社

Publishing House of Electronics Industry

北京·BEIJING

内 容 简 介

本书对产品经理的"隐形瓶颈"进行了探讨，提供了面向产品演进的全链路打法，让读者可以成体系地运用在工作中。同时，笔者将 8 年产品之路的经历融入本书，并且抽象出关键突破点，这些都是渴望成长的读者的绝佳参考点。

本书的特别之处在于"深度剖析事物本质、构建产品体系化方法论、培养自成长的方式"，这些都是产品经理在日常工作中极度缺乏的特质，后期往往会限制产品经理的个人成长。

本书适用于已工作 1～5 年的产品人，包括产品经理、产品设计师、产品运营，以及对该行业感兴趣的人。

图书在版编目（CIP）数据

产品精进：产品经理的全链路打法和自成长 / 曹顺达著. —北京：电子工业出版社，2021.5

ISBN 978-7-121-40929-5

Ⅰ . ①产… Ⅱ . ①曹… Ⅲ . ①企业管理－产品管理 Ⅳ . ①F273.2

中国版本图书馆 CIP 数据核字（2021）第 062070 号

责任编辑：石 悦　　　　　特约编辑：田学清
印　　刷：三河市鑫金马印装有限公司
装　　订：三河市鑫金马印装有限公司
出版发行：电子工业出版社
　　　　　北京市海淀区万寿路 173 信箱　　　邮编：100036
开　　本：720×1000　　1/16　　印张：15　　字数：242 千字
版　　次：2021 年 5 月第 1 版
印　　次：2021 年 5 月第 1 次印刷
定　　价：59.00 元

凡所购买电子工业出版社图书有缺损问题，请向购买书店调换。若书店售缺，请与本社发行部联系，联系及邮购电话：(010) 88254888，88258888。

质量投诉请发邮件至 zlts@phei.com.cn，盗版侵权举报请发邮件至 dbqq@phei.com.cn。

本书咨询联系方式：010-51260888-819，faq@phei.com.cn。

前 言

我们生活在一个变化万千的世界，互联网行业的快速发展让身处其中的每个人都感到焦虑。2013 年，我硕士研究生毕业后成为一名产品经理，当时这个职业还是很新颖的，许多怀揣改变世界梦想的同学纷纷加入进来。如今，产品经理接近饱和状态，竞争越发激烈，如何让自己不可替代且能实现初心，成为我们迫切需要思考的问题。

现实没有那么简单，产品经理这个职业虽然入门容易，但是隐形门槛多且缺少体系化成长课程。大多数同事沉浸于跟进项目、设计原型、撰写需求，然而这类高重复度、低含金量的工作迟早会被淘汰。那么，我们应该如何破局呢？真正成长起来并打造稀缺性往往要求我们能在"T 形"的知识结构上努力：纵向，拥有体系化的方法论；横向，融入多元化的认知模型。这样我们就可以从容自如地应对专业问题，并且实现跨领域的独特思考。因此，优秀的产品经理往往要兼备心理学、哲学、经济学、计算机科学、设计学等多种知识。

我在产品行业工作了 8 年，这一路并非顺利，世界每时每刻都在熵增，我们希望它按照自己的想法变化，因此需要在正确方向上付出。每当我们迷茫不知所措时，坚持下去总能收获好运，突破一个个瓶颈，行进线路就像 S 形曲线，我们在摸爬滚打中慢慢成长。我们需要沉淀方法论并提升认知来完成这个过程，这样能大幅减少试错时间，让我们专注于赶路本身，更快地突破各个关键点。这正是我写这本书的初衷，我将成长历程的点滴感悟进行萃取，让它们具有真正的实用性，帮助更多渴望成长的人。

本书分为 3 个部分，首先从产品经理的底层价值观、认知、使命出发，围绕初级产品人迈向优秀产品人的必经之路，探讨其中关键点，这部分内容回答了"我们去往哪儿、现在在哪儿、如何抵达"的问题。其次，我会带读者参与如何孕育产品和注入灵魂的全过程，让读者习得面向产品演进的全链路打法，本书梳理了各个阶段直击要害的方法论，使产品经理面对各类场景都能处理得游刃有余。最后，我会授之以渔，让读者培育自生长的沃土，在本书涉及的内容之外，持续地生根发芽，收获属于自己独特的方法、思维和对本质的洞察。

本书的创作花费了 1 年 2 个月的时间，比我预期的要长，主要是因为不断对内容进行补充和修正，如果我有新的灵感，就会立刻将它们加入书中，把它们分享给读者。创作的过程犹如登山，痛并快乐着，这个过程需要不断将大脑里琐碎的知识结构化，再通过线性的语言进行表达，重铸大脑的知识体系，当我回头俯瞰自己在攀登过程中征服的山峰，不由得快乐、兴奋。

我要感谢家人与朋友的理解和支持，长时间的创作占用了大量和家人在一起的时间，每每写作到凌晨，家人都已入睡，心中充满了歉意，让我欣慰的是家人都很支持我去做自己想做的事情。我就像在前台的演出者，幕后有支持我的家人、贡献想法的朋友、提出意见的编辑等，感谢他们，大家的共同努力才让世界变得如此美妙！

曹顺达

2020 年 10 月

目 录

第一部分

产品经理的隐性瓶颈

第 1 章

产品灵魂的缔造者

　　每个产品经理都会对这个职业给出自己的定义，但大部分产品经理在初期给出的定义都是狭义的，这就限制了个人成长，将自己拘于有限的区域内，不去探索能提升自我的潜在事物。因此，我们需要给予产品经理这个职业一个更加合适的定义，尝试获得更多的可能性，与此同时，对它进行深入了解可以帮助产品经理在繁杂的工作中找到最重要的事项，高效地创造价值。随着对产品经理这个职业的深入理解，我们能够感受到它在人生中起到了特殊的作用，它可以让我们看见更大的世界，完成由小我向大我的转变。

　　接下来，笔者将围绕产品经理的定义、核心使命和心路历程 3 个方面来进行分享。

　　♪　第一步，重新定义产品经理。

　　♪　第二步，产品经理的核心使命。

　　♪　第三步，产品经理职业给予了我们什么。

1.1　重新定义产品经理

　　我们会发现产品经理的工作职责范围很广，需要做的事情很繁杂，并没有明确的边界，各大互联网公司对产品经理能力的要求也是非标准化的。这可能会使进入产品行业时间不长的人在对产品经理的理解上产生疑惑，甚至对这个职业进行狭窄的定义，这会在无形中产生枷锁，形成局限，缩小产品经理的成长空间。

　　如果我们把产品经理的工作内容抽象出更深层的本质，就会发现它始于用户核心诉求，在微观人性上层层构建功能，终于宏观战略制定。因此，我们可以用一句话来定义产品经理：**近处洞察人性细微，远处构建产品格局**（见图 1-1）。

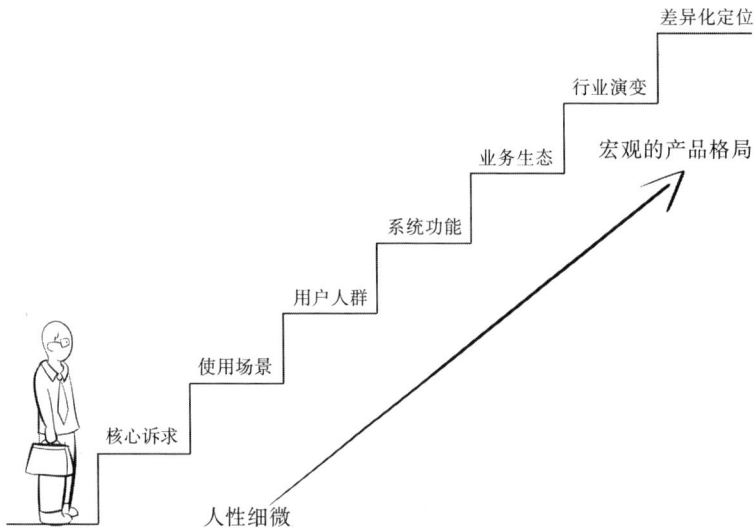

图 1-1　洞察人性细微和构建产品格局

　　这个定义包含 **3** 个层次："微观""中观""宏观"，产品经理看待问题时要像摄影师一样能自如地切换镜头，不同的焦距会使思考范围发生变化，同时这种由近到远的观察方式能使产品经理透彻地剖析和理解背后的原理，并且制定出直击要害的解决方案。

　　产品经理在初期不会同时拥有这 **3** 个层次的能力，这些能力是伴随着个人成长、视野开阔慢慢被培养出来的。我们来看一下产品经理视角的成长过程，如图 **1-2** 所示。在初期，产品经理会自然而然地用中观视角来看待和处理问题，在领导协助下开始设计单个模块，那时他们满脑袋都是设计功能、跟进项目、协调资源等可见的任务。虽然他们每天都在重复这些工作，但心里仍然怀揣着改变世界的梦想。当产品经理怀着紧张的心情跨出舒适区时，成长就开始了，他们逐渐开始独立负责整个功能，主动挖掘用户诉求，从完成简单的业务流程转向探索人性和需求本源，这样产品经理就拥有了微观视角。在产品经理接手单条产品业务线时，新的挑战不断出现，产品经理需要灵活掌握产品规划和向上管理获取资源等能力，产品经理在这个阶段将拥有宏观视角。

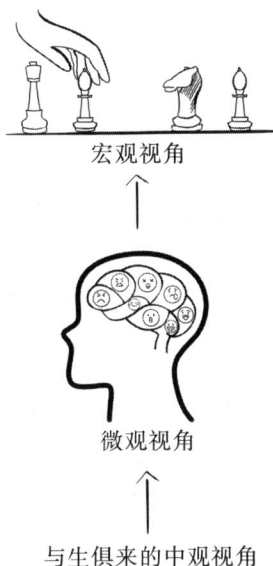

宏观视角

微观视角

与生俱来的中观视角

图 1-2　产品经理视角的成长过程

1.2　产品经理的核心使命

　　了解了产品经理的定义以后，我们对整体轮廓有了清晰的认知，下面我们就来挖掘产品经理的核心使命。产品经理的日常工作有很多，如撰写需求文档、项目排期、协调第三方业务资源等。产品经理很容易被眼前的任务掩埋，而逐渐忘却自己的核心使命，在重要的事情上花费的时间越来越少，就像缺少灵魂的人四处徘徊游荡，日夜忙碌处理问题。然而，产品经理的价值并没有在忙碌中得到充分的体现，我们剥开这些琐事的外壳，就会发现产品经理最重要的工作就是为用户创造更大的价值，**即寻找一个可持续为用户创造价值的方向，凝聚所有人的力量为之努力，并且赋予产品内在的价值观。**这才是产品经理的核心使命，也是值得产品经理花费大量时间去完成的目标，如图 1-3 所示。

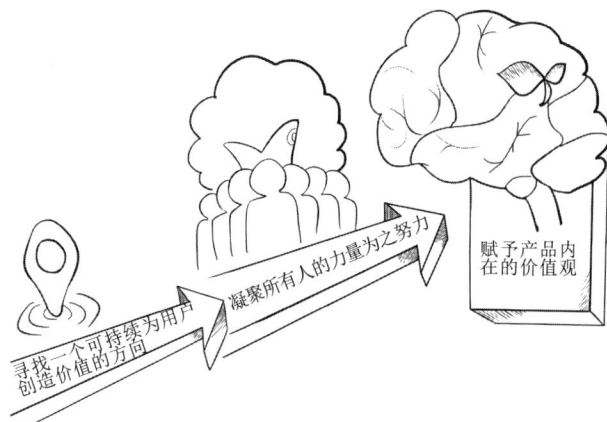

图 1-3 产品经理的核心使命

1．寻找一个可持续为用户创造价值的方向

产品经理是团队中最需要盯紧前方道路的角色，如果所有人都埋头赶路，而没人清晰地思考未来，那么大家只能在丛林中来回打转，而没有明确的方向。**因此，产品经理需要辨别方向，持续为用户创造价值，最终形成共创模式。**

1）辨别方向

通常，产品经理需要在 3 个关键岔路口斟酌，投入更多的精力进行思考，这 3 个关键岔路口分别是差异化定位、快速迭代、寻找跨生命周期的替代产品，它们遍布于产品生命周期的不同阶段，就像飞机需要在天空中持续调整姿态，如图 1-4 所示。

差异化定位　　　　　　　快速迭代　　　　寻找跨生命周期的替代产品

图 1-4 飞机需要持续调整姿态

（1）**差异化定位**，产品经理在初创阶段需要确定产品的差异化，以最佳角度切入市场，在用户心智中留下位置。比如，早期 DVD 租赁业务一直被百视达（Blockbuster）占据，百视达采用一单一租金的商业模式，后期奈飞（Netflix）加入，采用年度会员的差异化商业模式切入市场，持续获取用户，逐步占领市场，使百视达日渐衰退。

（2）**快速迭代**，在产品整个成长周期内，产品经理需要不断微调产品方向，尝试寻找最佳的商业变现模式，探索哪种模式能让用户留存率更高，动态调整产品策略以应对同领域的竞争。

（3）**寻找跨生命周期的替代产品**，在产品的成长期和成熟期，产品经理应该积极主动地迎接"黑天鹅事件"的挑战，即下一个产品周期可能出现的新风口，凭借自己的判断力以低成本试错，赢得下一个产品周期的入场券。我们还以奈飞为例，2007 年，当 DVD 邮寄服务还处于鼎盛时期时，奈飞开始开展下一个周期的新物种——"流媒体的线上业务"，我们不禁感叹奈飞如此果断，实现了跨越周期（见图 1-5）。

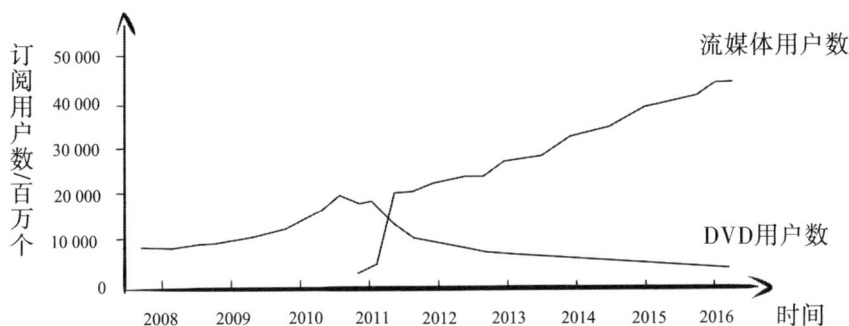

图 1-5　奈飞借助流媒体服务跨越周期

2）为用户持续创造价值

产品经理搭建产品生态只有建立在满足用户长期需求上，才能持续输出价值。比如，大众点评提供的核心价值"发现品质生活"满足了外出就餐用户的长期需求。产品经理要避免将产品完全建立在趣味性、猎奇、现金补贴等短期诉求上，因为一旦刺激不能维持，而长期价值也没找到，整个生态根基就会动摇。另外，产品经理可以让更多人加入，让自己从平台拥有者转变为共创生态者，获得更大的格局。这样，产品经理不仅可以不局限于自己的平台提供价值，还能让用户实现自我，在自生长的氛围中生出多元化的价值。

2．凝聚所有人的力量

找到正确的方向以后，产品经理需要凝聚团队力量，人和动物的差异在于人能够通过故事达成共识。原始部落时期，如果群体数量达到一定上限就很难进行部落管理，神话故事此时应运而生发挥了重要的作用，部落成员开始形成共识，为实现某个愿景而团结在一起。

愿景故事从人类诞生到现在一直没有中断过，比如创业者告诉团队成员未来应该是什么样的，而现在又有多大的差距。同样，产品经理也要用愿景故事凝聚团队力量，如图 1-6 所示。产品经理确定方向以后，要梳理清楚自己的产品故事，让团队成员相信它并为之奋斗。

图 1-6　愿景故事凝聚团队力量

1）构思产品故事

产品经理在明确产品方向的同时，需要进一步思考解决的是"什么用户"在"什么场景下"的"什么问题",这是故事主线。梳理清楚主线以后,产品经理需要赋予故事情节感。"情"是指情绪,让听众能产生情感共鸣;"节"是指节奏,故事需要有张力、落差,可以吸引听众的注意力。比如,"55 度杯"的创始人洛可可讲述的故事,三年前一个周六的下午,她的女儿想喝水,她倒了一杯刚烧开的热水,2 岁的女儿着急就用手去摸水杯,滚烫的开水浇在了女儿的身上。在重症监护室外,医生说女儿烫得很厉害,至少要在医院躺 15 天。洛可可发现医院里被烫伤的孩子非常多,身为一个设计师,她开始思考如何给儿童做一个安全喝水"神器",于是就设计了这个"55 度杯",她希望孩子们不再被烫伤。**最终,我们衡量一个好的产品故事的标准是自己在构思完故事以后心中会有小小的激动,只有这样,其他伙伴才会有所触动。**

2)用产品故事连接所有的团队成员

在公司,大家普遍按照职能进行团队组织编排,不同团队的成员没有那么多时间来详细了解其他成员项目的背景和意义。如果简单停留在职能协作的基础上,要求对方在业务上给予支持,就很难激发内在的激情,大多数时候大家只是停留在完成任务的认知层面。**产品经理需要用一个产品故事去快速打破各个团队间的壁垒,让大家充分理解产品的价值。**

3. 赋予产品内在的价值观

产品经理把产品创造出来以后,还需要给予它灵魂。产品和电影一样,背后都有一位创作者,这位创作者会对作品进行塑造,同时作品又能投射出创作者深层次的价值观。罗伯特·麦基的《故事》一书中有这样一段描述:"作家总要围绕着一种对人生根本价值的认识来构建自己的故事,什么东西值得人们去为它而生、为它而死? 什么样的追求是愚蠢的? 正义和真理的意义是什么? "[1]**产品传递给用户的"哪些鼓励做、**

---

① 罗伯特·麦基:《故事》,周铁东译,天津人民出版社 2014 年版。

哪些不鼓励做"，也来自产品经理对世界的看法和对产品与用户关系的思考。比如，知乎为了帮助用户挖掘和利用有价值的信息，增加了"赞同、反对"的功能，优质内容可以在问题下快速曝光，而劣质内容会在用户反对操作中逐渐下沉。用户在日常使用产品的过程中，是能感受到产品经理传递的价值理念的。

1.3　产品经理职业给予了我们什么

分享完产品经理的定义和使命以后，现在笔者从个人角度来分享一些心得体会。我的第一份工作是"去哪儿"的数据挖掘，偏技术岗，恰巧公司创立了为期 6 个月的新人培训机制，这让我有幸接触了产品经理的工作内容。在培训结束以后，我就申请了产品经理的岗位，我的想法很简单，我喜欢富有挑战性的工作，在工作的这几年中，我对产品经理这个职业有了更深刻的感悟。

1．产品职业和人生成长相辅相成

产品经理每天都会面对不同的挑战，这就迫使产品经理跨出舒适区。虽然这样会使产品经理有些恐惧和微微的紧张感，但当他们全情投入，达到忘我的心流状态时，就能收获持续的快乐。

慢慢地，笔者开始感受到产品经理这个职业似乎要求产品经理富有理性、艺术气息、洞察心理、战略宏观视角，然而没有谁天生就是这样的人，产品经理只有接触了这个职业，才能逐渐成长起来。**这种成长是一个螺旋上升的过程，产品职业、人生成长两者相辅相成**，类似 **DNA** 结构，如图 1-7 所示。当拥有了良好的学习能力、沟通能力和心态时，产品经理能更快地在专业技能和知识层面取得进步。当专业能力可以胜任大部分项目时，产品经理会要求在个人思维、认知方式上进行全面提升，从而拥有深入独到的见解。当认为某一件事情非做不可且全世界都在期盼和支持自己时，产品经理面对未来的不确定性会多几分信念和决心，这种精神也在无形中号召身边的同行追随自己的脚步。

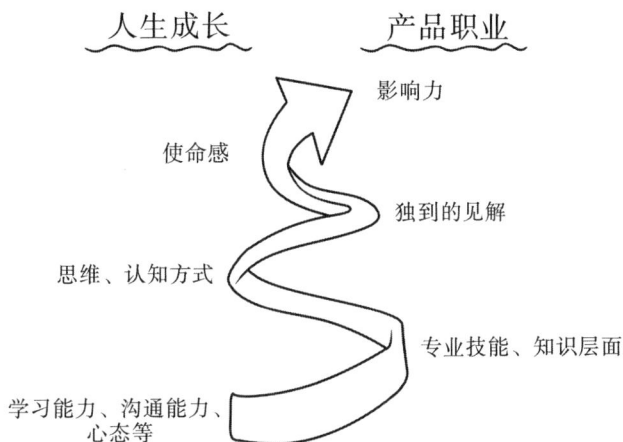

图 1-7　产品职业和人生成长相辅相成

2．放大想法让世界看见

产品经理这个职业应该属于人类生产方式的一种演进，就像电影技术发展到一定程度，需要导演这个角色进行深度构思；当人们不再满足于简易平房，希望家和工作的地方变得温馨、舒适时，建筑设计师就应运而生了。同样，产品经理会连接其他个体形成一张创造力网，周围有逻辑缜密的工程师、艺术气息浓厚的设计师、让人猜不透的用户等，所有人都在这张大网中相互碰撞，使创造力融为一体。产品经理就是这张大网里的中枢和最具有活性的节点，他们对世界的思考、人性洞察的敏锐程度都会决定整张网的高度和效率。**如果站在这张网中心位置的人对世界有多维的看法、充满趣味和爱、富有远见，那么这张网将成为最好的影响力扩大器，通过产品让这个人的思想和世界沟通，在实现自身价值的同时也改变了人们的生活。**

3．从"小我"迈向"大我"

美国著名的心理学家埃里克森提出了"人生发展八阶段理论"，我们在每个年龄段都有一个核心任务需要完成。比如，我们在少年时期建立自我身份的认同，获得内心稳定的自我；在成年早期，我们需要建立亲密关系，找到另一半，此时彼此的弱点也会暴露给对方，双方在完全接纳和信任彼此以后形成了新的自我，在这个过程中自我范围在扩大；进入成年中期，我们不再局限于"小我"，逐渐开始改变，可是大部分人的工作和生活都是日复一日的，不愿局限于"小我"与工作平淡无奇的冲突让人内心感到不安。

产品经理这个职业充满挑战，需要丰富的创造力，自身也可以拥有更多新的可能性。尤其是当自己的想法一点点变成现实、理念被分享传播时，生命仿佛在无限延展。此时，产品经理不再局限于"小我"，而是通过产品与用户建立连接，将经验、见解分享给有需要的人们，将自己融入人类文明的发展进程中，逐渐从"小我"迈向"大我"。

本章小结　如何定义产品经理

1. 重新定义产品经理

近处洞察人性细微，远处构建产品格局。

2. 产品经理的核心使命

寻找一个可持续为用户创造价值的方向，凝聚所有人的力量为之努力，并且赋予产品内在的价值观。

3. 产品经理职业给予了我们什么

（1）成长是一个螺旋上升的过程，产品职业、人生成长两者相辅相成，类似DNA结构。

（2）它能放大想法让世界看见，通过产品让产品经理的思想和世界沟通，在实现自身价值的同时也改变了人们的生活。

（3）产品经理不再局限于"小我"，而是将自己融入人类文明的发展进程中，逐渐从"小我"迈向"大我"。

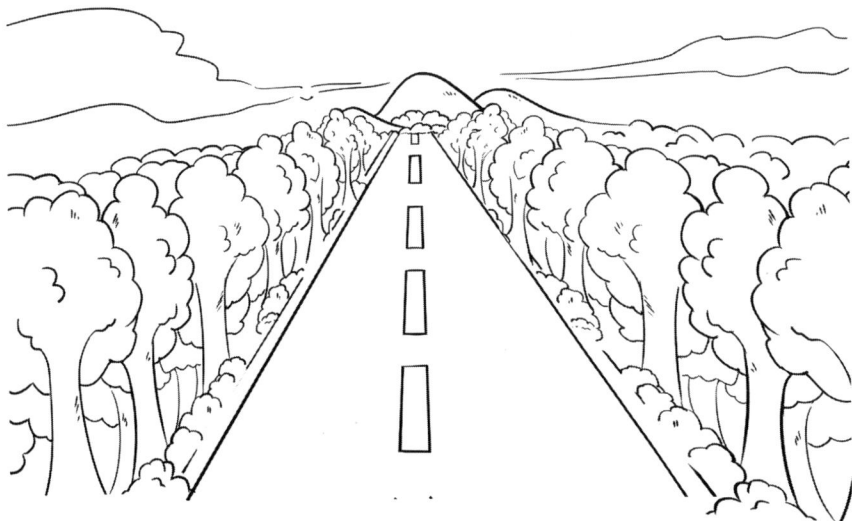

第 2 章

认识产品经理成长的关键突破点

产品经理在入门时通常是以犹抱琵琶半遮面的角度去看这个职业的，感受到的都是可视化的工作内容，而对于其他大量的看不见的内容，产品经理通常会"诗情画意"地去脑补。

其实，做产品和写作类似，它们都属于一套信息传达体系，只是载体从文章变成了产品，产品经理要基于建立起来的用户连接去传达产品价值和理念。如果说作家无法通过简单的框架、固定的套路写出一篇让人追捧的文章，那么同样产品经理在掌握了业务流程、基础理论以后也只是具有了表达的能力，并不能创造出让人动心的产品。制约两种职业提升的因素是通过信息体系传达的思想，而不是信息这个通道，因此产品经理是一种看似入门容易，但要真正成长起来需要跨越很多隐形门槛的职业。

笔者会先分享产品经理工作看似简单的原因，然后再分享职业成长中的关键突破点。

2.1　产品经理工作看似简单的原因

在面试过程中，有些面试者说，因为自己计算机专业学得不好，所以想做产品经理；或者因为听说互联网行业工资较高，自己转行做不了技术，所以想做产品经理。首先，我们需要正视一下，目前专业掌握得不好并不是选个替代的行业就能转变过来的，逃避解决不了根本问题。大家的起跑线相同，为什么自己没有达到别人的水平？是因为失去了个人目标，还是因为有学习方式不正确等问题，这些才是真正帮助自己的关键点，如果只是一味地换公司、行业，那么类似的问题还会不停地出现。其次，要想成为一名优秀的产品经理，需要投入大量的精力。产品经理这个职业很像漏斗——宽进严出，产品经理会发现藏在需求文档和观点背后的是高高的隐形门槛，自己需要涉猎多元化的学科内容，不断提升自己的认知，因此产品能力的进阶也是个人成长的升华。产品经理工作看似简单的原因有以下几点。

（1）**产品经理来自不同的专业**。大家可能都会认为这不就是谁都能干，没有专业要求吗？其实，90%以上的产品经理所需的专业知识是在工作中获得的，不像计算机专业的同学毕业直接成为软件开发工程师，而编程的逻辑思维和风格、算法都是累积财富，后续知识在先前知识的基础上叠加即可。目前，大学很少开设直接对口的关于产品专业的学科，原因可能有以下几点。

第一，**产品经理属于细分度高、实用性强的职业**，而大学本科更注重塑造个人成长的基础能力模型，偏向于专业基本功的通识教育。

第二，**产品经理职业具有跨学科性**，在实际工作中，产品经理需要综合多个学科去思考和解决问题，常用的主干知识和方法论分布在心理学、计算机科学、设计学、管理学、市场营销学等学科。多学科交叉没有统一的衡量标准，因此很难建立一个适用的边界范围和体系。

第三，**互联网领域发展迅速**，产品经理行业的发展只有十几年，我们在大学学到的强应用类知识大概早已更新换代，传授价值不大，不如毕业以后，基于学校培养的底层能力和基础素养在产品经理行业继续学习和实践。

（2）**人人都可以提出产品改进点**，大家可能认为在使用产品时每个人都可以对该产品多多少少提出一点改进意见，感觉这不是一件难事，因此认为人人都可以胜任产品经理的工作。其实，这就像看国际新闻一样，谁都能对全球经济现状说出自己的看法，但真正需要做经济规划时，大家却又不知所措。同样，大多数人对熟悉的产品都能发表使用感受，但并不具备体系化解决问题的专业能力。

（3）**仅看见表面的工作内容**，产品经理在日常工作中，主要通过需求文档与研发、设计、测试等同事进行沟通，如果我们只是简单地通过载体工具评估工作的复杂度，就会被误导。看不懂的编程语言或编译工具其实都是工具，就像作家创作内容时无论是使用 Office 还是 Pages，这些都不是门槛，新颖的构思和深邃的思想才是独特的、难得的。

2.2　产品经理成长的关键突破点

产品经理每工作一段时间就能明显感觉遇到了瓶颈，这是产品经理的职业特点，接下来笔者将逐一拆解每个阶段的核心问题与大家分享。

1. 项目执行者

对刚入行的产品经理而言，大部分事物都是新的。在这个阶段，产品经理是一个执行者，要把老板的想法落地，协调技术、设计、运营资源，确保产品顺利上线。同时，产品经理对自己的认识更加清晰，逐步掌握产品基础工具，熟悉业务模块。

可能有些产品经理入行 1 年左右便能顺利进入下一阶段，工作能力实现从量变到质变的突破，能够独立负责子功能。然而，大部分产品经理仍然停留在初级阶段，从早到晚忙于跟进、优化项目，他们认为增加熟练度可以提升自身能力，但往往事倍功半。遇到瓶颈意味着需要做出改变，而不是停留在舒适区，笔者整理了一些提升能力的方法分享给大家。

1）培养积极思考的习惯

在初级产品经理成长的过程中，最普遍的一个问题就是缺乏思考和分析问题的主动性。跟进项目可以帮助产品经理了解业务，快速融入角色，但它只是成长的过渡环节，产品经理不能沉浸于这类"充实"，而是要通过以下方式跨越陷阱。

（1）**认识问题**，产品经理要观察自己在工作中执行和思考花费的时间，看看每天是否至少有 1 小时的思考和学习新知识的时间。如果在这方面花费的时间太少就要有意识地进行调整，这样才有利于个人成长。

（2）**养成独立思考的习惯**，公司很少对产品经理进行成体系的培训，大多数新人都是照葫芦画瓢，可是表面可见的行为好模仿，他人的思辨过程却难以借鉴，最后只知道一味地执行他人的想法。产品经理可以在跟进或设计需求前，问自己一些重要的问题。

♪ 需求是真的还是假的？

♪ 解决了什么用户在什么场景下的什么问题？

♪ 我是基于什么选取了目前的方案，竞品又做了哪些工作？

♪ 投入产出比如何，是否值得做？

......

2）掌握产品知识、方法论

虽然在熟悉业务流程和掌握基础技能以后，初级产品经理能够表达出一些零散的观点，但当遇到一个全新问题需要结构化系统分析并提出相对具体的改进意见时，他们却很难胜任。因为产品经理只有拥有一套完整的产品方法论和优秀的产品思维才能完成上述任务，这也是高级产品经理与初级产品经理最大的差异。**产品方法论是指通过一整套系统的方法对问题进行观察和剖析处理，它需要产品经理在每次项目结束或接触新知识以后，进行复盘，萃取出一套可执行的方案。**虽然提炼方法论比较辛苦，产品经理需要反复思考，但如果再遇到类似的问题，萃取出的这套可执行方案就会让产品经理比别人少走很多弯路，并且思考的质量和速度也会提高不少。

3）寻找人生使命

如果一款 App 定位模糊，那么它最终的发展方向也会很模糊，用户很难对它有忠诚度。同样，我们在生命中也需要寻找属于自己的独特使命，它将成为我们不断成长的原动力。

（1）寻找，人生使命应该偏向于奉献的维度，中短期目标则偏向于个人获得的利益。很多时候，我们会把中短期目标与人生使命相混淆，其实两者相辅相成。人们往往在追求人生使命的过程中，也达成了中短期目标。那么，我们应该如何寻找自己的人生使命呢？笔者有一个简单的方法，大家可以尝试一下。设想你的生命已经结束，你希望大家怎样评价你的一生，用 100 个字简短地进行描述。描述内容要让自己内心有所触动并期望完成它，从而引发自己对改变现状的渴望。

（2）迷茫，即使我们在短时间内没有找到使命或感到困惑，也不要放弃，因为这是一件非常重要的事情。如果没有目标，那么无论我们往哪个方向行进都是逆风的，我们需要持续寻找，无论多久都是值得的。

（3）重新认识，人生使命会随着我们的经历发生变化，我们一开始可能执着地追求一个心心念念的东西。可是，人生充满意外，也许在快要达成的那一刻，我们会发现之前愿望清单里的东西已经没那么紧要了。在追求的过程中，我们收获了一些更好的东西、一些之前根本没想到的东西。

2. 需求的发掘者（高级产品经理）

经过一段时间以后，产品经理可以独立负责一个产品模块或子业务了，从被动接需求到自己主动提出想法，给产品设定愿景并为之努力。在这个阶段，产品经理视野容易聚焦在产品功能、用户体验上，因此做出来的产品可能会让用户觉得"好用"，但离"还想用"会有一定的差距。一方面，产品经理需要对事物洞察得更加深入，抛开现象看到人性本质，实现从功能到情感的连接；另一方面，产品经理还要在人性情感外从宏观角度看待问题，思考差异化定位，让用户牢牢记住产品，最终完成蜕变，成为有远见的产品工匠。接下来，我们进一步认识这些关键突破点。

1）从做好功能到把握人性情感

完善且逻辑清晰的功能虽然能让用户用起来得心应手，但始终缺少温度。产品经理需要洞察用户内心的情感，进一步建立与他们的连接，虽然工具是冷冰冰的，但人却是饱含情感的，渴望交流和相互认同。产品经理要赋予产品"人"的属性，让用户慢慢从底层的基础情感逐渐向更高层次的精神追求拓展。

2）看得更长远

产品经理在负责一个项目时，不仅要看清楚脚下的路，还要多向前看，在这个阶段，产品经理经常忽视产品的定位及未来。产品经理需要慢下来，思考清楚"用户为什么会使用自己的产品"。现在市场上同类型的软件比比皆是，每个领域都挤满了竞争对手。产品经理要认识到为什么用户选择了某款产品，并且愿意在手机上为它预留一个位置，这才是关键点。大公司执行层面的产品经理往往认为只要推出功能完善的产品，再加上活动推广、渠道导流，就能被用户青睐。然而，产品上线以后，效果却并非如此。产品经理可以通过在产品底层构建差异，进入用户心智，笔者将在第 4 章继续和大家分享相关内容。

3．局部方向的制定者（产品总监）

如果产品经理已经成为业务线负责人或总监，就要站在更高的角度去协调各个团队，为业务制定整体策略及中长期规划；同时也要具有向上和向下的管理能力，既能很好地达到老板的预期，又能充分地激发团队成员的积极性。在该阶段，产品经理的分水岭体现在能对行业发展趋势有深度的思考并拥有独特见解，能找到业务的关键突破口，以及拥有向上管理能力可抢到公司战略资源，最终形成单点突破。

1）能深度思考并拥有独特见解

思考是优秀产品经理的核心能力，其实这种能力是可以被逐步培养出来的，产品经理要保持开放的心态，通过持续有效地学习提升认知。

（1）**开放的心态**，产品经理要善于观察，对事物拥有开放的心态。进入产品经理这个行业 3 年左右，产品经理对这个行业的基本流程、方法论、业务知识就基本上都掌握了。之后，产品经理凭借日常积累的经验可以轻松解决大部分的问题，在这种情况下，产品经理很容易丢掉空杯心态进入瓶颈期。我们通常会预设结果或流程，让自身思维受到局限，在没有思考之前就笃定结果，最终失去很多可以变得更好的机会。因此，产品经理需要对周围的事物保持开放的心态，新事物自然会进入视野。

（2）**持续有效地学习**，持续学习的重要性不用多说，没有输入很难谈输出，我们在这里主要讨论"有效学习"。很多人都会尝试利用上下班的碎片时间去获取新知识，但发现这样根本记不住或不会用这些知识，最终没能继续坚持学习。其实，学习过程由 3 个步骤组成，我们往往只进行了前两步，因此很难形成自己的知识体系，更不能灵活运用，我们可能感觉知识很熟悉却不会用。接下来，笔者为大家介绍一下完整的学习过程。

第一，获取零散的知识信息。

第二，萃取核心原理，挂靠在已有的知识体系上，方便以后使用。

第三，在形成自己的理解以后，尝试将知识真正运用到实际项目中，进行输出。

2）拥有向上、横向获取战略资源的能力

在项目推进过程中，无论是人力资源、流量资源还是外部合作机会，都会对项目有很大的帮助。良好的向上管理能力能让产品经理在"战场"上补给充足，不至于提着"步枪"去"作战"。在"飞机"和"大炮"火力的掩护下，产品经理的"进攻"会顺利很多。除此之外，横向获取资源就像获取友军援助，也能帮助产品经理高效"进攻"。

（1）**向上获取资源**。埋头苦干推进工作、缺乏与领导的有效沟通、寄希望于上级能主动看到存在的问题并分配资源协助解决问题，这些做法其实是缺乏向上管理的主动性的表现。领导的时间非常有限，很难有额外的精力去逐一观察各个业务线的问题。产品经理需要主动寻求沟通，让领导了解手上正在推进的工作和对未来的规划，以及目前缺少的关键资源。在这个过程中，产品经理最好让项目持续推进，总是通过"画饼"的方式去获取战略资源，可能前几次会有效，后续就没有效果了。因此，产品经理可以通过"画饼"与"滚雪球模式"相结合的方式，将美好的愿景加上项目当前的进展和效果快速反馈给领导，证明自己设想的正确性及市场的空间，相信领导也更乐意将资源投入高 ROI（投资回报率）的业务中。

（2）横向获取资源，产品经理要站在全局的角度洞察各个业务的关系和合作契机，将项目横向拉通形成协同效应。若过度专注于自己的项目，该项目就可能会成为"孤岛"，产品经理需要熟悉兄弟业务线正在开展的工作，许多机遇和创新的"火花"都是多业务线一起合作产生的。如果产品经理负责的项目是创新项目，那么与核心业务打通的重要性不言而喻，流量和品牌都会起到一定的支撑作用。如果产品经理负责的是相对成熟的业务，那么可以把自己的业务打造成其他业务的"实验田"，让合作伙伴将新思路融入其中，从而获得先发优势和合力效应。封闭式的小圈最终会被开放生态模式取代，因此我们要有合作共赢的心态。

4．全面战略的制定者（企业高管）

如果产品经理已经在这个行业工作了很长时间，并且通过优异的表现成为企业高管，或者自己有看好的方向，选择创业实现心中理想，那就又进阶了一步。一个企业或部门的掌舵人**更需要思考整个行业不变的根本**，在此基础上制定战略并进行合理的生态布局，并且依靠自身的人脉优势，主动为公司抢到独占性资源，打造企业"护城河"。

1）把握不变的规律

不变的就是用户根本的需求，虽然满足用户需求的手段一直在随文化、科技的发展而变化，但用户核心需求却没有变。我们处在一个竞争激烈的社会，周围的竞争对手都在相互追逐，新技术或潮流层出不穷。"不加入他们就会落后"的声音回荡在耳边，压力迫使我们去跟随，而迷失了原有的方向。对全局战略的制定者而言，带领整个业务部朝正确的方向走是最重要的事情。产品经理需要一种洞察力进行破局，捕捉浩瀚星空中属于自己的北极星，还要将长远战略建立在不变的需求上，然后探寻与哪些科技结合能更好地指向核心需求，只有这样才不会迷失在变化万千的世界里。举一个简单的例子，虽然用户购物的形式随着科技的进步、城市的发展不断变化，但用户本质需求一直是"多、快、好、省"（见图 2-1）。从"快"的维度来看，我们会发现无人机配送技术可能是很好的结合点，它能大幅提高乡村配送的速度。

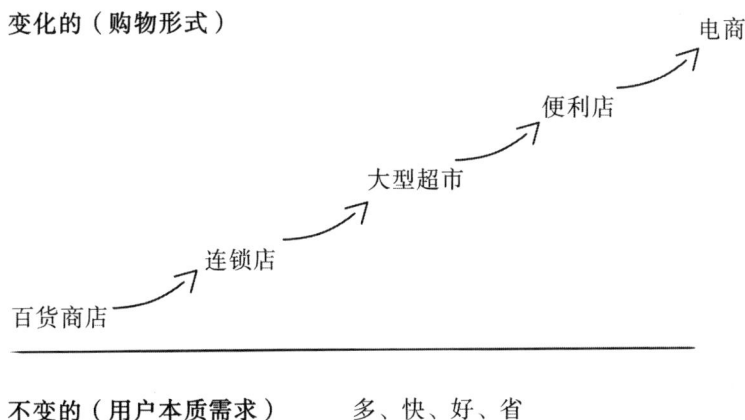

变化的（购物形式）

电商

便利店

大型超市

连锁店

百货商店

不变的（用户本质需求）　　多、快、好、省

图 2-1　变化的购物形式和不变的本质需求

2）制定战略和布局生态

提到战略、生态，我们似乎总觉得离自己很远，但企业高管需要尝试调整思考问题的方式，用公司高管的视角来看整个世界也许会有全新的感悟并带来晋升机会。笔者用图 2-2 给大家概括了产品战略、跨越周期常用的思考维度，在第 9 章、第 10 章再为大家进行详细讲解。

产品战略 ⟨ 价值点战略
价值面战略
生态战略

- - - - - - - - - - - - - - -

跨越周期 ⟨ 基于技术更替探索新物种
基于模式创新探索新物种

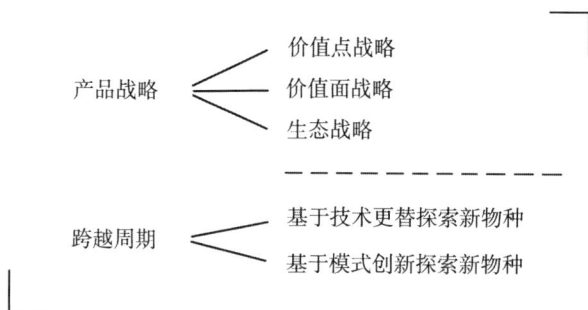

图 2-2　产品战略、跨越周期常用的思考维度

5．推动行业变革的人物

一些时代弄潮儿为世人打开了全新的世界，同时成为年轻人心中的信仰。整个互联网发展进程就像大浪淘沙一样，趋势选出适合当下的人。在创业阶段，每轮融资都意味着大部分企业人物会被淘汰，最后在竞争中存活下来的企业人物往往有三个特性。第一，**有清晰且坚定的使命感**，他们有属于自己的终极责任，如马斯克的"火星移民计划"、马云的"让天下没有难做的生意"。第二，**有孤注一掷的信念**，优秀的洞察力帮助他们发现未来的趋势，他们压上全部的时间及财富，在使命感的支撑下，突破艰难险阻，等到了曙光。第三，**享受了时代红利**，他们基本上都赶上了一个时代大趋势，"面"的提升带给"点"更大的势能。我们会发现互联网巨头中创始人，正好赶在中国互联网刚刚崛起的阶段，或者站到了细分行业的风口。金融投资领域的传奇"股神"巴菲特也是如此，他也处于投资美国发展的红利期。

2.3　准备"起航"

上一节"职业成长的关键突破点"曾发表在互联网上，笔者收到了许多回复，线下也和回复者进行了多次交流，发现大家遇到的情况都类似，这可能是每个人都必须经历的过程。因此，笔者思考如果能将自己在征途中的所见所思进行汇总，提供给将要"起航"的同学，或许能让他们在成长过程中少走一些弯路。

在创作过程中，笔者把本书拆解为两大模块：产品方法论、产品经理的自成长。掌握一套好的方法论可以让产品经理快速达到产品行业中等偏上的水平，获得优势，建立起信心。然而，方法会随着时间不断地更替，自成长会提供来自内心的驱动力，从而形成持续精进的正向循环，如图 2-3 所示。

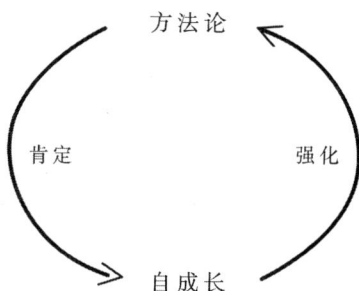

图 2-3　持续精进的正向循环

我们先从产品方法论开始，它是一套全链路的打法，覆盖了产品经理日常接触的关键点，这会使产品经理在学习过程中更好地进入状态，并且快速投入实践看到自己的进步。

我们再来看产品经理的自成长，从思考框架、原动力、自成长方式三个方面进行分析。思考框架让产品经理看待事物时具有深度、广度、高度；原动力是产品经理的核心，但往往被产品经理忽视，一旦启动这类驱动力，工作和生活就会进入持续的正向循环，产品经理会变得越来越强大；产品经理在面对未知、不确定的事物时容易不知所措，自成长方式会提供一套产品经理成长的打法来帮助产品经理。

本章小结 产品经理成长的关键突破点

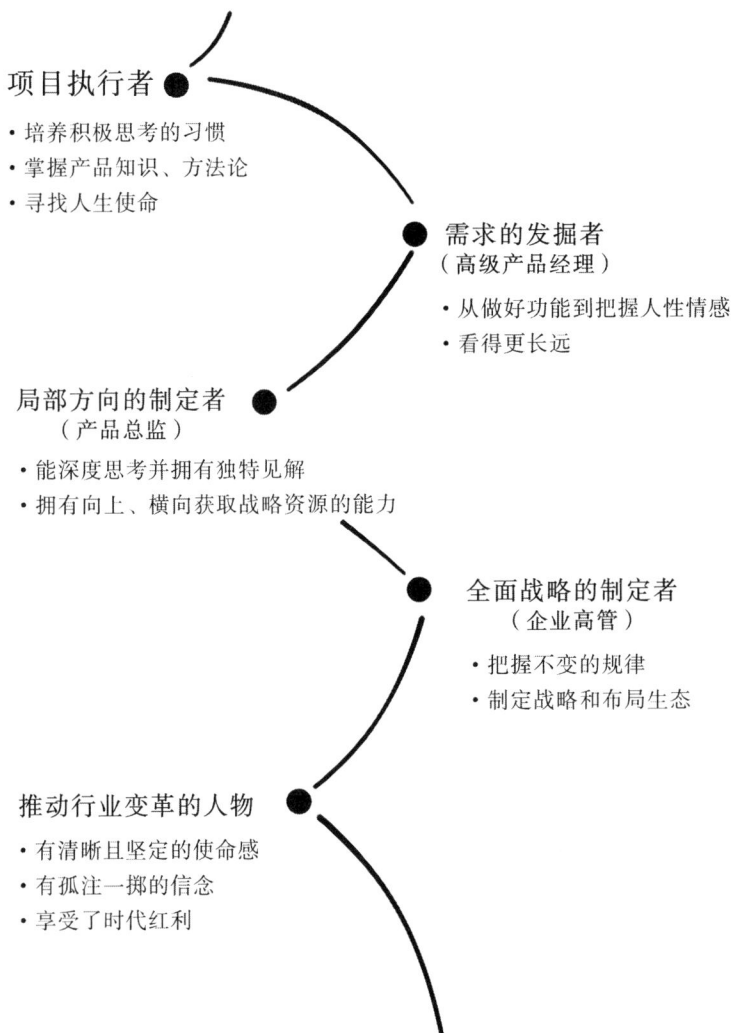

项目执行者
- 培养积极思考的习惯
- 掌握产品知识、方法论
- 寻找人生使命

需求的发掘者
（高级产品经理）
- 从做好功能到把握人性情感
- 看得更长远

局部方向的制定者
（产品总监）
- 能深度思考并拥有独特见解
- 拥有向上、横向获取战略资源的能力

全面战略的制定者
（企业高管）
- 把握不变的规律
- 制定战略和布局生态

推动行业变革的人物
- 有清晰且坚定的使命感
- 有孤注一掷的信念
- 享受了时代红利

第二部分

面向产品演进的全链路打法

第 3 章

识别需求的 5 个层面

本章是第二部分方法论的开篇，我们从一个亘古不变的话题——"需求"进入。产品经理探索需求的过程就是有条不紊地剖析事物表面现象、寻找内在本质的过程。当然，这个过程并不是一帆风顺的，优秀的产品经理就像拥有信仰的英雄，披荆斩棘、洞察细微并理解真实世界。笔者在本章将和大家分享日常所使用的探索需求价值的方法论，通过以下几步进行层层剖析。

♫ 第一步，辨识需求的类型。

♫ 第二步，确认需求属性。

♫ 第三步，预估市场规模。

♫ 第四步，验证商业模式。

♫ 第五步，收集用户真实行为，检验需求。

3.1　辨识需求的类型

产品经理虽然在工作中频繁提及要满足用户需求，但通常并不能有效地识别需求的真伪。分类是认知的过程，它能帮助产品经理从迷茫中解脱出来。产品经理可以通过对需求进行分类，依次辨识需求的类型，从而抛弃伪需求。

1）显在需求

用户很清楚自己的问题，并且正在使用同类竞争产品，或者自己摸索了一套解决问题的方案。例如，你最近想买一套学区房，因为小孩马上就要上小学了，可是你一直没有时间去线下中介了解房源情况，于是自己使用已经存在的 App 产品"搜房××"解决了这个问题。

再如，你是一位高校讲师，每次课后都要布置作业，学生挨个把作业拷到你的电脑上又慢又麻烦。于是，你让学生们通过邮件交作业，虽然遇到了问题但自己摸索了一套解决问题的方案。

2）掩盖需求

用户知道自己真实的需求，但不想直接告诉别人。例如，你最近投资赚了很多钱，总想买点什么犒劳自己，于是和老婆一起到宝马 4S 店提了一辆 7 系列的车，慰劳这些年辛苦奋斗的自己并满足自己小小的虚荣心。上班后，你和同事闲聊买宝马车的原因时，毫不犹豫地回答"主要是因为这车性能好，驾驶特别舒服"。

3）潜在需求

用户不太清楚自己的需求且不能详细地描述需求，往往表现出不满、焦虑和抱怨的情绪。例如，你刚搬了新家，下午整理好房间，到小区超市买点东西。可是，小区超市没有，你边抱怨边去离家较远的大超市购买了，潜藏在情绪背后的可能是对送货上门的需求。

4）伪需求

伪需求是指产品经理误以为是真实存在的需求，功能上线以后产品经理邀请用户购买，而用户并不买账。出现这类问题的原因是采集需求的方式不正确，那么产品经理应该怎样采集需求呢？

产品经理不要把自己的需求看作用户的需求，要走出去多和用户沟通。例如，产品经理看书的时候总是忘记时间，于是琢磨在书签产品上增加时钟的功能。结果大部分人不会购买这款产品，因为这是产品经理个人的需求，而不是用户的需求。

改变沟通方式。产品经理不要问用户"你觉得这个产品怎么样"，只要是有些用处的产品，用户通常都会回答"挺好的"。用户不会对产品改进不支持，但产品推出以后，是否购买就另当别论了。如果产品经理想找到让用户愿意购买的产品，就应该多问用户客观的历史情况，比如"是否遇到过类似的问题？遇到了问题，是通过什么方式解决的？这个问题是否给你带来了苦恼，程度有多深？"如果用户说这个需求很不错，但他们遇到类似问题时没有使用竞品，也没有其他解决方式，更没有苦恼，那么建议产品经理还是多考虑一下再动手做，这很可能是伪需求。笔者将上述判定伪需求的步骤整理在图 3-1 中，供读者在日常工作中使用。

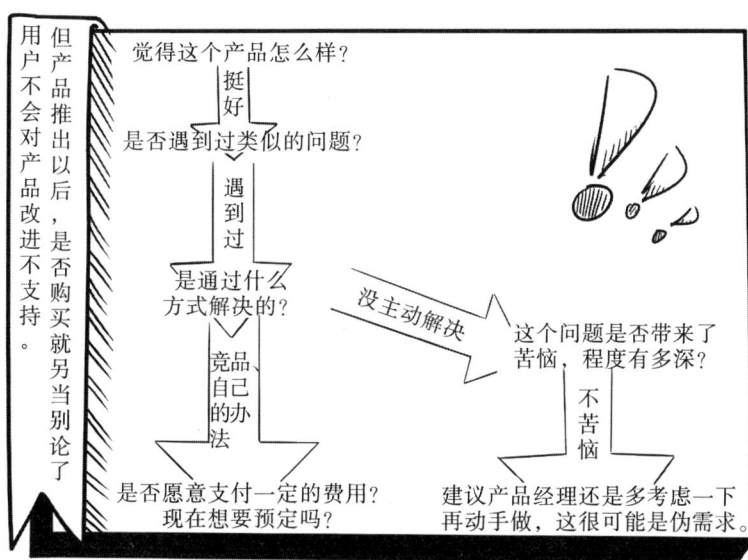

图 3-1　判定伪需求的步骤

解决方案应该由产品经理提出。刚入行的产品经理会习惯性地问用户觉得应该怎么做，结果本末倒置。产品经理才是产品的专家，针对用户提出的问题，产品经理需要深度思考，然后提出合理的方案与用户探讨。试问一个用户在几分钟内提出的方案能可靠吗？例如，产品经理询问用户"想要什么样的电脑"，用户思考了一会儿说："要运行速度快的，因为我要玩游戏；显示效果要不错，这样才能身临其境，其他方面就没太多要求了。"产品经理很快根据用户需求推出了自己的产品，因为对性能要求很高，所以笔记本比较厚重不美观，最终用户仍然不愿意购买。

3.2 确认需求属性

通过上述内容我们了解了产品经理通过对需求进行分类识别能够确定需求的真伪，接下来我们要进一步探讨需求的三个属性，如图 3-2 所示，了解其价值到底有多大。有些需求花时间做了，可上线以后使用率却很低，因此产品经理在初期要检查自己需求的属性，看其是否满足强需求、频繁性的特点，找到最合适的需求。产品经理还要了解需求处在马斯洛需求层次理论的哪个层次，越底层的需求用户量可能越大，而越往上的需求产生的价值可能越高。

图 3-2　需求的三个属性

1）强需求和弱需求

强需求是指没有就不行的需求，如人要喝水；弱需求是指没有也没什么影响的需求，如了解天气状况。

2）频繁需求和非频繁需求

频繁需求指的是发生频率高的需求，而非频繁需求指的是发生频率低的需求。

3）马斯洛需求层次理论

马斯洛需求层次理论把需求分为生理需求、安全需求、爱和归属感、尊重、自我实现五个层次。自我实现后面还有自我超越，但自我超越通常不作为马斯洛需求层次理论中必要的层次，而是合并在自我实现中。如果一个人同时缺乏食物、安全、爱和尊重，那么通常对食物的需求是最强烈的，其他需求则没那么重要了。此时，人的意识几乎全被饥饿占据，所有能量都用来获取食物。在这种极端的情况下，人生的全部意义就是吃饱，其他什么都不重要。只有人类生理需求得到满足以后，才可能出现更高级的、社会化程度更高的需求。

3.3　预估市场规模

市场决定产品天花板，直接影响公司或投资人是否对该产品进行创新实验和投资。因此，在判断了需求的真伪和价值以后，产品经理还需要预估市场规模。很多产品经理都会忽略这一点，直接开发和销售，最终发现该产品的市场需求量很小。其实，产品经理在早期可以通过收集资料快速进行结构化估算得到结果。

1）定义市场边界

在预估市场规模以前，产品经理需要先精准确定项目的行业边界及变革类型，我们使用行业分析师白洋的方法论，通过两个简单的问题进行梳理。

（1）产品核心解决用户的什么问题？不同的回答对应的行业规模会截然不同，比如日本茑屋书店，如果给出的答案是售卖精品书籍，那就属于零售业，产品经理可以根据每年人均购书量大概估算市场。如果茑屋书店希望成为大数据运营的策划公司，给用户一种可以体验书籍中食材、景色、实物的生活空间，那么产品经理就要思考城市中平均有多少人需要一个"书+场景"的生活空间。

（2）你的产品是在优化、代替行业，还是开拓了新的行业空间？ 如果第一个问题圈定了行业边界，那么这个问题便明确了产品带来的变革类型。例如，你可以生产性能更佳的机床，并提供给代工厂使用，帮助他们提升手机产量，这属于优化，可以通过新方式带来的产量提升预估市场规模。再如，我们去旅游，几乎都会提前在网上订好民宿和景点门票，很少到了当地再匆忙购买，该产品带来的变革类型属于替代，即把已有的服务市场抢占过来，预估现有市场规模，它将是你未来的天花板。我们再来看看外卖软件的兴起，这实际上是在已有餐饮行业外，开拓了新的领域，产品让原本的市场规模变得更大，此时产品经理需要把旧市场和新市场进行加和预估。

有一种特殊情况需要注意，可能评估下来市场处于空白状态，这时产品经理往往非常激动，以至还没来得及深入了解就开始动手。产品经理要思考一下没有人游泳的水域是不是臭水沟，多问自己几个问题（有什么壁垒？还是赚不了钱？这个市场太小，别人看不上？），防止进入研发阶段，市场受阻导致成本过高。

2）构建模型

大多数时候是没有现成的市场空间数据可以让产品经理直接获取使用的，因此产品经理仍需自己进一步构建模型。下面笔者给大家提供一个简单实用的估算步骤，能让大家在短时间内完成预估且能保证质量，不会出现量级离谱的结果。

（1）明确估算的目标。 我们可以清晰地写出自己想获取的数据名称，这里需要避免目标歧义。比如，了解整个中国区域眼镜行业每年能赚多少钱，要继续明确是盈利，还是总收入。

（2）**获取数据**。数据的来源可能让有些产品经理感到头疼，下面笔者列出了一些常用的获取数据的方式。

- 公司内部来源，如产品部门、运营部门、战略部门、数据组。
- 企鹅智酷、IT 桔子、易观智库、DCCI 互联网数据中心。
- 行业媒体平台，如虎嗅网、36 氪、极客公园、钛媒体。
- 国外同行业在媒体上发布的各类动态和官宣信息。
- 竞争对手的技术专利申请信息、招聘人员方向。

我们通过以上渠道收集了一些数据。比如，北京大学中国健康发展研究中心教授李玲在该中心举办的研讨会上发布了《国民健康视觉报告》。该报告显示，到 2020 年我国 5 岁以上总人口中，近视的总患病人数大约为 7.04 亿～7.11 亿人。假设眼镜的平均客单价为 450 元，更换速度为每 1.5 年更换一次。

（3）**构思估算方法**。我们可以利用收集到的相关数据将实际问题数学化，得出以下公式。

我国眼镜行业每年总收入=我国近视人数×眼镜客单价/更换一次的年限

（4）**考虑边缘化问题**。我们需要思考还有没有其他的影响因素，然后进一步完善公式，得到更精确的数据。近视的人不一定都会配眼镜，根据数据我们发现 50%左右的人会配眼镜，因此需要将公式进行优化。

我国眼镜行业每年总收入=我国近视人数×近视后配眼镜的比例×客单价/更换一次的年限

（5）**计算结果**，我们把已经知道的数据带入公式进行计算，得到如下结果。

$$700\,000\,000 \times 50\% \times 450/1.5 = 105\,000\,000\,000（元）$$

3.4 验证商业模式

当需求满足刚需、频繁性且市场较大时，说明产品经理的想法已经比较有价值了，现在继续验证一下它的变现能力。有些产品之所以没拿到下一轮融资或被公司放弃，就是因为商业模式得不到验证。市场上不缺乏用户量很大的应用，但它们的变现能力却始终不强，如天气、课程表类型的应用。我们通过商业画布整理出最基本的商业模式，在可视化的画布上思考商业计划可能出现的漏洞，从而减少失败带来的损失。

1. 使用商业画布思考

商业画布①通过 9 个模块讲述了一个完整的商业故事，帮助我们整理思路，原本模糊的思路会逐渐变得清晰。现在我们来看一下这些模块，我们针对目标用户人群进行拆分（客户细分），通过产品、服务提供给他们核心价值（价值主张），当然产品价值需要变现来维持公司运营（收入来源）。在这个过程中，我们需要不断地触达用户（渠道），产品会和用户形成某种关系，比如小米手机希望和普通用户共创（客户关系）。除了上述用户、产品的关系，我们还需要思考以下问题：哪些是服务的核心内容，在整个产品、服务中不可或缺（关键业务）；什么是公司中最宝贵的资产，依靠它可以提升效率（核心资源）；投入的成本结构是否健康（成本结构）；谁会是公司前进道路上可以合作的人（重要伙伴）。

如果我们单看画布的 9 个模块就会感觉很复杂，因此我们可以**将商业画布拆分为 3 个层次逐步思考，如图 3-3 所示。右侧模块分别描述了用户和商品的整个交换过程、紧靠着的两个模块是怎么建立关系的，左侧 4 个模块是我们生产商品需要投入的资**

---

① 亚历山大·奥斯特瓦德、伊夫·皮尼厄：《商业模式新生代》，王帅、毛心宇、严威译，机械工业出版社 2011 年版。

源，它们分别对应价值层、关系层、投入层。

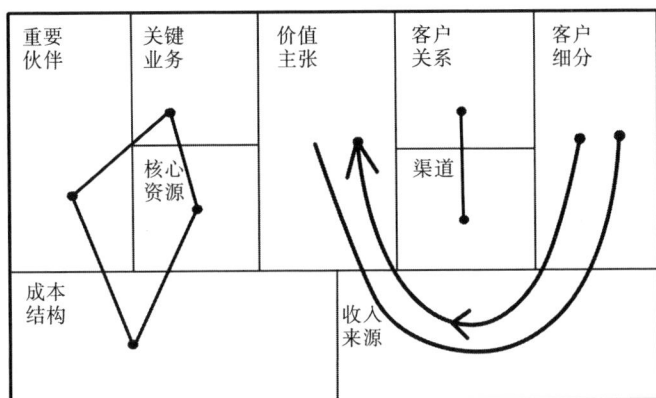

图 3-3　商业画布图的 3 个层次

举个例子，我们要搭建一个生活方式类的消费决策平台，用户可以主动分享商品和生活的图片、视频形成社区。这些站内消费经验的内容是极具价值的，后续能够帮助站内其他用户做购物决策，市场上类似的 App 有小红书、什么值得买等。我们基于这样的愿景开始构思商业模式，先从核心的价值层出发。

1）价值层

价值层是所有模块的基础，主要由客户细分、价值主张、收入来源三个模块构成，如图 3-4 所示，它讲述了我们提供不同细分用户价值并实现收益的故事。

（1）客户细分，在平台上我们提供给不同人群的价值点是不同的，因此需要根据自身业务进行拆分。上述消费决策平台的用户可以拆分成两类——职业女性和学生；客户同样可拆分成两类——广告商和商家。

（2）价值主张，指的是公司通过产品、服务给予消费者的核心价值。上述例子中的价值是可提供关于消费经验的内容、用户感兴趣的商品。比如，为职业女性匹配轻奢折扣的时尚生活内容及品牌商品，为学生推荐有关校园的内容和高性价比的商品。

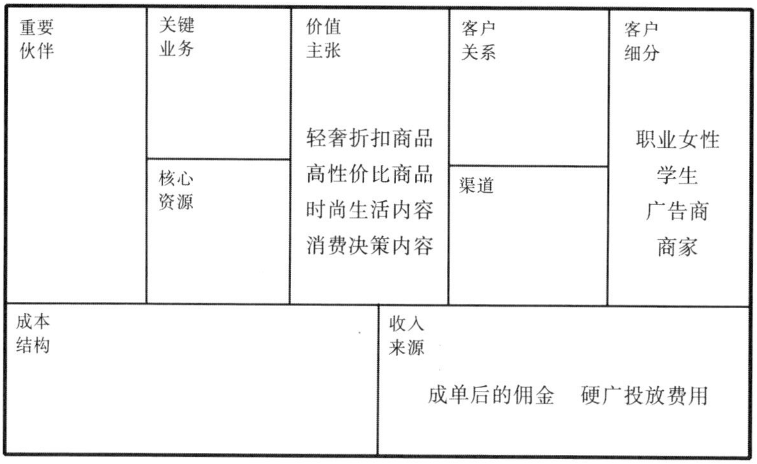

重要 伙伴	关键 业务	价值 主张	客户 关系	客户 细分
	核心 资源	轻奢折扣商品 高性价比商品 时尚生活内容 消费决策内容	渠道	职业女性 学生 广告商 商家
成本 结构			收入 来源 成单后的佣金　硬广投放费用	

图 3-4　消费决策平台的价值层

（3）**收入来源**，指的是我们在提供价值给每个细分用户人群的过程中有哪些变现方式，这个例子包含成单后的佣金、硬广投放费用。

2）关系层

关系层讲述了我们应该通过什么渠道建立什么样的客户关系，该层面有助于我们思考清楚核心触达渠道，它包含渠道和客户关系这两个模块，如图 3-5 所示。

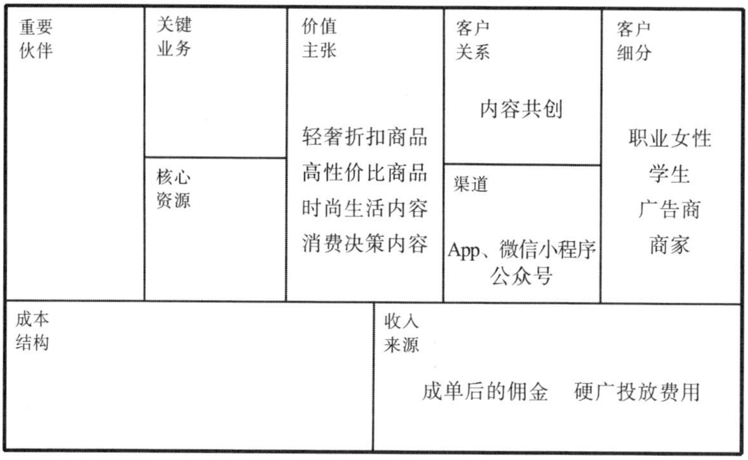

重要 伙伴	关键 业务	价值 主张	客户 关系 内容共创	客户 细分
	核心 资源	轻奢折扣商品 高性价比商品 时尚生活内容 消费决策内容	渠道 App、微信小程序 公众号	职业女性 学生 广告商 商家
成本 结构			收入 来源 成单后的佣金　硬广投放费用	

图 3-5　消费决策平台的关系层

（1）**渠道**，指的是使用哪些方式触达用户且与用户保持连接。我们可以同时选择多个渠道，包括 App、微信小程序、公众号等。

（2）**客户关系**，指的是我们和每个细分用户群的关系。比如，我们在消费决策平台上期望与用户形成一种内容共创的关系，引入高质量的 KOL（Key Opinion Leader，关键意见领袖）给予扶持，普通用户可以提供相应的消费决策内容，形成生态闭环。

3）投入层

如果我们想让价值层、关系层能很好地运转起来，就要在关键业务、核心资源、成本结构、重要伙伴方面进行投入，如图 3-6 所示。这些方面在具体实施时至关重要，但非常容易被我们遗漏。

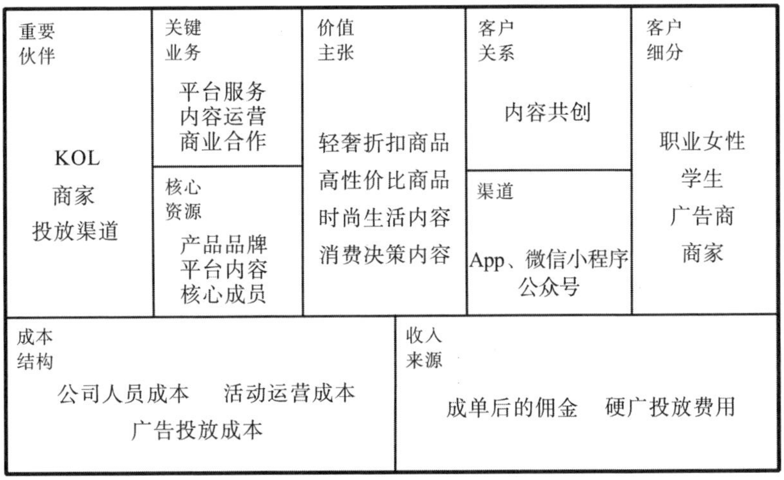

重要伙伴	关键业务	价值主张	客户关系	客户细分
KOL 商家 投放渠道	平台服务 内容运营 商业合作	轻奢折扣商品 高性价比商品 时尚生活内容 消费决策内容	内容共创	职业女性 学生 广告商 商家
	核心资源 产品品牌 平台内容 核心成员		渠道 App、微信小程序 公众号	
成本结构 公司人员成本　　活动运营成本 广告投放成本			收入来源 成单后的佣金　　硬广投放费用	

图 3-6　消费决策平台的投入层

（1）**核心资源**，它决定了产品提供用户价值的效率。上述例子包含产品品牌、平台内容、核心成员三部分。

（2）**关键业务**，指的是让完整的产品生态闭环正常运转所必须开展的业务。在产品商业运作过程中，核心价值的传递必须通过平台服务、内容运营、商业合作等关键业务来完成。

（3）**重要伙伴**，指的是我们坚实的后盾。为了让供给、消费链路更牢固，平台通常会和KOL、商家、投放渠道形成合作关系，协作完成。

（4）**成本结构**，指的是运转过程中花费的所有成本。线上平台日常花费主要包含三部分：公司人员成本、活动运营成本、广告投放成本。

2．实践商业画布

梳理商业画布时，产品经理可以把所有的想法写到便签上，然后放入画布，与同事和顾问一起探讨，协作完成这个商业故事。为了吸收更多的好点子，产品经理应该让讨论者提前准备好，否则容易被其他同事干扰。我们再来回顾一下这张图，如果它是一个自洽运转的商业模式，就应该满足以下3个要求，我们依次进行验证。

（1）客户细分、价值主张、收入来源应该建立在用户的某种稳定需求上，只有这样链条才是真实可靠的。

（2）成本和收入可以在某个时间点达到持续的平衡，长期来讲公司需要保持盈利存活下来。举一个反例，上门洗车服务的创业公司大面积"死亡"，有大量补贴时用户会尝试使用，而一旦价格调整用户就会全部离开。因为上门服务会带来各类开销，恢复原价以后收取的费用并没有比线下洗车少很多，清洗效果也受到简易车载设备的限制而无法与线下清洗效果相比。最终，收入和成本无法达到长期平衡，公司自身缺少"造血"能力。

（3）核心资源、关键业务要容易获取和搭建。有些业务天然存在壁垒，比如需要获取相应的资质牌照，或者市场是强关系网才能切入的，可是拥有这类资源的人才却很少。预见问题时，产品经理需要认真地评估，不能冲动地进入。

3.5　收集用户真实行为，检验需求

通过上述甄别需求的步骤找到真需求之后，产品经理已经开始对产品需求充满信心和憧憬了，但要注意的是这些需求的成立都建立在同用户沟通和产品经理经验的基础上。产品经理要基于用户真实行为，使用 MVP（Minimum Viable Product，最小化可行产品）检验需求，如图 3-7 所示。产品经理围绕前期和用户沟通的核心诉求，建立一个简单产品 MVP，检验需求并进行调整。

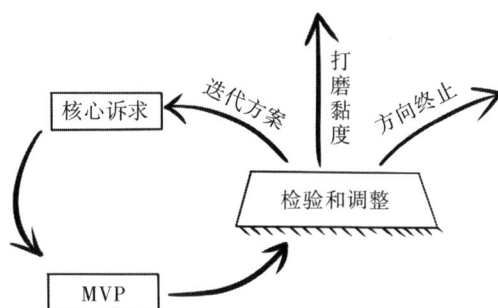

图 3-7　基于用户真实行为检验需求

1）明确核心诉求

这是构建 MVP 的出发点，所有的产品功能、设计、运营、市场都是围绕着核心诉求运行的。我们可以通过一个问题"希望产品能帮助用户解决什么问题"明确核心诉求，答案不能是多个，要找到核心的痛点。

2）MVP 的形式

我们针对用户的核心诉求设计最小可用原型，只需要服务好核心诉求即可，其他复杂功能在该阶段暂不考虑。MVP 形态上可以是简单的 Axure 交互或可供真实体验的 App，具体形态的选择主要依据实际的资源情况而定。如果资源匮乏，那就先用原型确认，再投入研发；如果资源富余且最小可用产品不占用过多开发工作量，那么可

用的 App 是最佳选择，它能更快地获得定性、定量的数据。

3）检验和调整

针对当前 MVP 收集的定性、定量的数据，产品经理需要花费一定的时间进行总结，然后对比预期做出决策，通常会有以下 3 种情况。

（1）方向不正确。如果产品经理提供 MVP 给用户时，他不愿意尝试，就应该考虑终止并重新梳理用户痛点，不要再增加新功能挽回用户，因为该环节的核心目的是检验以前的需求假设是否真实。如果方向不正确，产品经理就需要进行反思并带领团队重新回到挖掘需求的起点。然而，做到这一点并不容易，方向不正确这个结果对产品经理来说是很难接受的。出于人的心理保护机制，我们更倾向于继续在这个方向上升级方案，思考"用户会使用什么样的功能呢"，情感让我们偏离了检验需求的初衷。

（2）方向正确但解决方案不高效。如果产品经理发现用户愿意且能持续使用产品，同时也愿意预付一小笔费用，而用户在体验以后反馈更多的是解决方案不高效，省下时间或带来的收益没有想象中大，那么产品经理应该庆幸方向是正确的，后续只需要针对反馈及客观数据的分析，优化核心解决方案即可。

（3）方向正确且解决方案高效。一个新项目往往不会十分顺利，多多少少都会遇到上述两种情况，产品经理需要用开放的心态去接纳。提前知道方向错误、解决方案不高效其实是一件非常幸运的事情，比后期用大量精力和财力漫长地完成这个检验过程要好得多。

本章小结　如何快速辨识需求价值

1．辨识需求的类型

显在需求　掩盖需求　潜在需求　伪需求
✓　　　　✓　　　　✓　　　　✗

2．确认需求属性

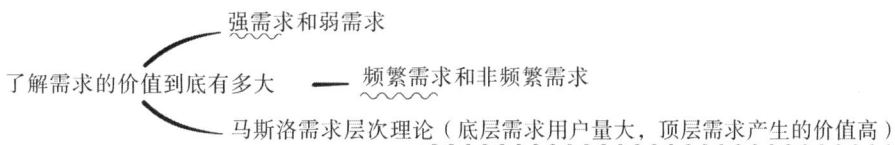

强需求和弱需求

了解需求的价值到底有多大 ———— 频繁需求和非频繁需求

马斯洛需求层次理论（底层需求用户量大，顶层需求产生的价值高）

3．预估市场规模

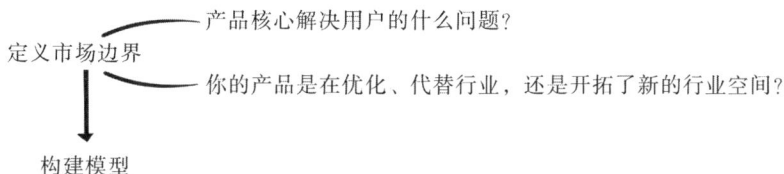

产品核心解决用户的什么问题？

定义市场边界

你的产品是在优化、代替行业，还是开拓了新的行业空间？

构建模型

4．验证商业模式

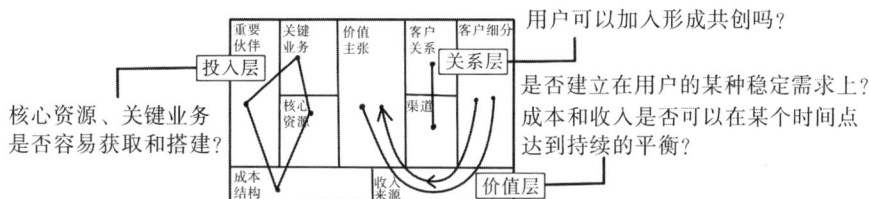

重要伙伴	关键业务	价值主张	客户关系	客户细分
核心资源	渠道
成本结构	收入来源

投入层

关系层

价值层

用户可以加入形成共创吗？

核心资源、关键业务是否容易获取和搭建？

是否建立在用户的某种稳定需求上？
成本和收入是否可以在某个时间点达到持续的平衡？

5．收集用户真实行为，检验需求

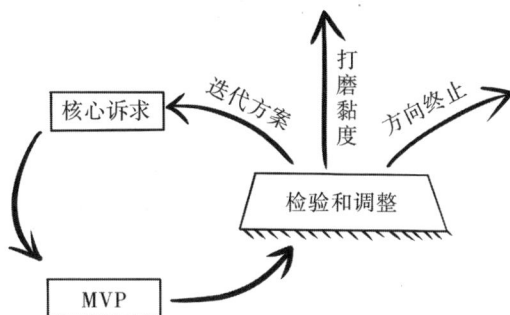

核心诉求

迭代方案

打磨黏度

方向终止

检验和调整

MVP

第 4 章

构建差异化，寻找破局点

　　我们已经了解了产品经理应该如何探索并检验需求，现在我们在此基础上继续构建差异化，突破对手封锁。当前，互联网已进入下半场，大部分领域都属于红海，用户心智空余的位置所剩无几，行业竞争愈演愈烈。差异化是破局的关键手段，能帮助产品在用户现有心智外开拓新空间。例如，虽然阿里巴巴处于电商领域领先位置，但一直没能阻止各类新电商如雨后春笋般崛起，因为成功进入者都找到了合适的差异点，直达用户心智，如唯品会、聚美优品、网易考拉、拼多多等。

　　差异化非常重要，往往决定了一款产品的成败，如果产品经理在初期找准产品差异化定位，那么后续产品设计、开发、运营都只是用时间来验证结果。理论上，产品经理都应该对差异化有深入的理解并掌握，但我们往往发现很多产品经理仅在完成竞品分析以后就确定差异点，碰运气的成分大。因此，产品经理需要一套完整的体系去实现产品的差异化。

　　♪　第一步，掌握用户心智，理解差异化。

　　♪　第二步，在产品底层构建差异化。

　　♪　第三步，让差异点贯穿产品始终。

4.1　掌握用户心智，理解差异化

　　心智像一个储物柜，而差异化是进入它的捷径。我们先来了解"储物柜"的内部构造，这有利于设计出一条通往"储物柜"的可靠近道。

1. 用户心智的 3 个特征

　　用户心智是指大脑对发生过的事情进行抽象和提炼，然后对同类事物的发展进行预测、形成认知。我们从产品视角来进行描述：用户对每一款产品的定位是其在使用产品以后形成的固定认知。比如，你向同事打听北京有哪些好吃的小店，同事向你推荐了"大众点评"。如果你用了以后发现居然可以如此轻松地获取店铺口碑，那么相信你以后还会使用。

我们的心智每天都会面对层出不穷的新产品和大量的信息内容，我们可以根据已有的认知去快速识别事物，**这个过程中会出现以下 3 个特征**。

（1）对新事物充满好奇。荷兰神经科学家 Marieke Jepma 在大脑神经机制运作层面，给出了相应的解释：新鲜事物会引起人的好奇心，进而刺激大脑已知的不愉快情景部位，这类负面感受类似于口渴，驱使人们想要缓解这一感受。当通过行动满足好奇心以后，犒赏区域被激活，人们就像刚从沙漠里走出来，酣畅淋漓地饮用甘泉般满足（见图 4-1）。

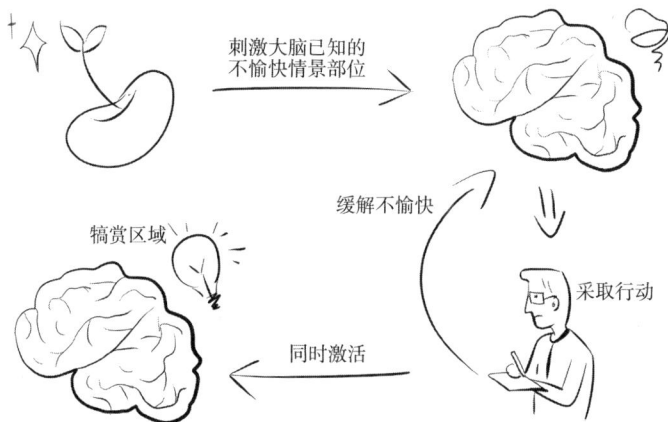

图 4-1　对新事物好奇的内在机制

这是人类基因里的特性，我们每天都在经历着好奇和被满足，这让我们给予新生事物更多的关注。比如，我们每天上下班乘坐地铁，可能会不停地刷新闻发现新奇事；互联网黑科技产品推出，我们内心会充满期待等。

（2）心智的存储空间有限，如图 4-2 所示。前面提到我们可以把用户心智看成储物柜，这个"储物柜"里会有很多小格，上面贴满了各种标签，每个小格仅能存放一款产品。在现实生活中，我们也会发现用户很少在手机上主动安装两款定位相同的软件。

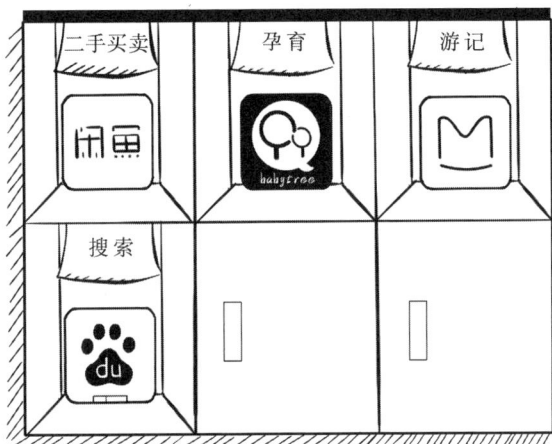

图 4-2 心智的存储空间有限

（3）用户心智不易改变。心智是一种思维定式，在大部分情况下能协助我们高效提取和识别事物，从而指导下一步行动。心智模型一旦形成，想要改变将耗费高额成本。因此，如果一款产品已经成功抢占用户心智，那么其他同质化产品想要进入用户心智，难度可想而知。用户只会在该产品满足不了自己的需求且无法忍受时，才会主动放弃，进而寻求替换产品。

2．产品进入用户心智的过程

笔者已经和大家分享了用户心智的特征，现在我们来进一步观察用户心智是如何运行的，我们通过 3 个差异化程度不同的产品来模拟用户心智的实际反应（见图 4-3）。我们可以发现，在竞品已经抢占了用户心智以后，具有显著差异化的产品 3 找到了进入用户心智的捷径。

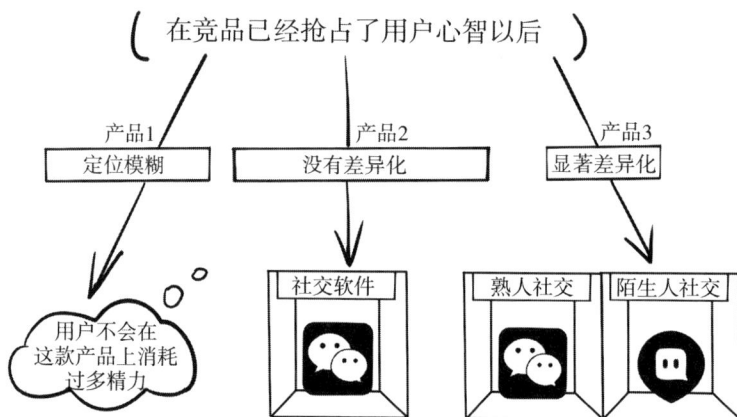

图 4-3 差异化不同的产品进入用户心智的过程

（1）产品 1——定位模糊。如果产品的定位是模糊的或复杂的，如一款集新闻快讯、购物、聊天为一体的多功能社交应用，那么用户不会在这款产品上消耗过多精力，并且为它抽象出某种定位。

（2）产品 2——没有差异化。产品经理在发现已有竞品抢占了用户心智以后，在巨大利益的吸引下，可能希望通过高度模仿在市场上快速获得一些用户。比如，有的创业者会模仿微信，做出一款功能和性能完全与之相同的应用。然而，用户"社交软件"标签的储物小格早已放入微信，用户的心智空间有限，无法再放入新产品。如果产品经理想要替换已进入用户心智的产品就需要投入高额成本，同时竞争对手也会投入资本进行防御。

（3）产品 3——显著差异化。对于一款与市场上已有产品有明显差异的产品，用户在使用以后，会发现其和原有产品有很多不同。比如，陌陌是一款用来与陌生人聊天的软件，与微信有所不同，于是人们把心智中微信对应的标签"社交软件"改为"熟人社交"，在旁边又增加了一个小格"陌生人社交"，把陌陌留存下来。

4.2　在产品底层构建差异化

通过上一节的介绍我们知道了使产品具有显著差异化是产品进入用户心智的捷径，接下来我们开始一步一步构建产品差异化。很多产品经理在这个过程中会针对竞争对手的已有功能，结合头脑风暴，尽量罗列出更多的差异点，比如增加不同的玩法模块、年轻化的交互界面、提供换肤功能等，再凭借自己的经验选择靠谱的差异点。这种方式在很大程度上依靠个人感觉，如果产品经理直觉不敏锐，就会变成碰运气。因此，产品经理需要一套结构化的方法，更加有效地达成目标。

1．拆解产品，在合适的层级构建差异化

我们可以从产品的 6 个特定层级进行寻找和分析，这 6 个层级分别是交互形态、产品功能、人群和场景、信息载体、信息拓扑结构、商业模式，如图 4-4 所示。越底层的层级构建出的差异化越能让用户感受到产品本质上的不同。

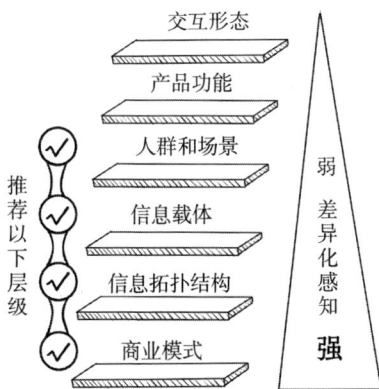

图 4-4　产品的 6 个特定层级

1）交互形态

好的交互设计会让用户打开一款 App 时就可以立刻感受到产品的风格与调性，但

建立在该层级的差异点让用户很难辨别出该产品与其他产品有什么实质性的不同。比如，产品经理打算使交互形态产生差异化，将电商平台的简洁风格换成高冷风格，希望用户感受到高贵感。在体验了几次以后，用户仍然认为此产品的功能、人群、场景、商业模式等与之前使用的产品高度相似，这样用户是不会开辟新空间来存放此产品的。

2）产品功能

虽然添加独特的功能模块能带给用户新鲜感，但我们发现用户大部分时间仍花费在核心功能的使用上。新模块仅起到了调和作用，虽然短时间能提高用户活跃度，但不会颠覆其认知。比如，我们打算做一款天气类的软件，打开应用商店以后发现竞品比比皆是。于是，我们在天气预报基础功能之外，开始筹划提供竞品没有的差异点，如生活指南、养生等功能，希望用户了解了天气情况以后，进一步查看生活和养生知识。然而，现实是残酷的，这类功能模块的使用率很低，用户更不会把它作为认知的一部分。

3）人群和场景

与交互形态、产品功能相比，人群和场景更能体现出差异化，尤其是在竞品还没有建立用户认知的市场时。例如，大家比较熟悉的英语培训领域，市面上已有产品在做英语口语培训且有较高的认知度。一些新进入者虽然也选择了英语培训领域，但开始细化用户人群、场景，切入 K12 或学前英语辅导，挖掘新的市场潜力。

4）信息载体

得力于技术的发展和进步，信息载体的演进一直没有停止过，从最初的图文到音频、综合视频、直播、短视频、跨界平台，如图 4-5 所示。早期的天涯社区和豆瓣采用"长文+图片"的载体，提供给博主展示个人的平台。随着 5G 的出现和智能手机的普及，用户通过直播传递更加丰富的个人形象。介质仍在不断演进，短视频则是适应碎片化消费环境的一个平衡性产物，抖音、快手等产品应运而生。如今，基于内容和服务的跨界载体形态相继出现，如小红书、什么值得买等。

图 4-5　信息载体的演进

在同一领域，新竞争者通常使用最新的信息载体构建产品，与已有产品形成差异，最终赢取市场份额。比如，微博采用短文本载体和 Feed 流组织形式，进入用户心智。博客是"长文的深度表达"，而微博是"短信息的及时分享"，因此微博在用户心智里属于新定位。

5）信息拓扑结构

我们拨开产品表层的交互和复杂功能，可以看到产品内部用户和用户之间的信息网络，它的形态和效率决定了上层功能。如果产品采用不同的信息拓扑结构，那么整体的功能和交互也会随之改变。

我们来看一下产品的内部信息拓扑结构，如图 4-6 所示。在信息拓扑结构中，我们把用户抽象成与其外貌、年龄、身份等无关的"点"，然后把连接用户的载体抽象成"线"，如文章、回答、短消息、视频等。进而我们可以采用图的方式来呈现它们的关系，我们观察到节点和节点之间有些地方比较密集，有些地方比较稀疏，这种密集聚在一起的形态我们简称为"簇"。

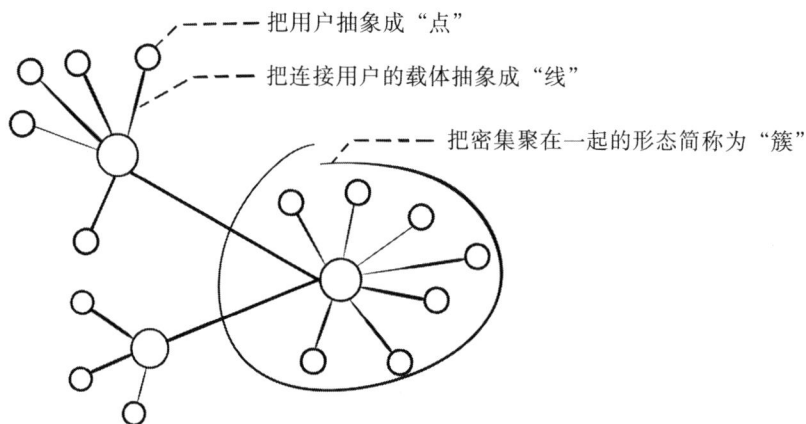

把用户抽象成"点"

把连接用户的载体抽象成"线"

把密集聚在一起的形态简称为"簇"

图 4-6　产品的内部信息拓扑结构

在观察产品的信息拓扑结构时，我们需要关注 3 个部分。第一，簇的形态，是呈现少数节点的高度中心化，还是自治扁平化？第二，簇的形成，是什么力量促使节点的连接频繁发生？比如，明星效应、话题兴趣、某种社交关系、相同技能等。第三，节点间连接的介质，即让用户和用户建立关系的载体。比如，专栏、朋友圈的分享、拼多多的拼团商品等。

这 3 个部分相互组合形成了不同类型的结构图，并且衍生出相应的产品。比如，微博在市场中占有绝对支配地位的时候，其他采用同一信息拓扑结构的产品几乎没有对微博构成威胁，用户不需要安装两款相同功能的应用。而采用"熟人关系形成扁平化结构，通过短内容分享互动"的微信在信息拓扑结构上呈现显著差异化。人们明确感受到两者的不同，如图 4-7 所示。微博以头部用户为中心，如大 V、明星、KOL 等，产品流量比较集中，通过社会事件的传播与用户形成共鸣。微信是朋友间的双向社交，分享日常生活。微信入驻用户心智没有受到太大阻力，当要联系好友时，我们会潜意识地掏出手机启动微信。

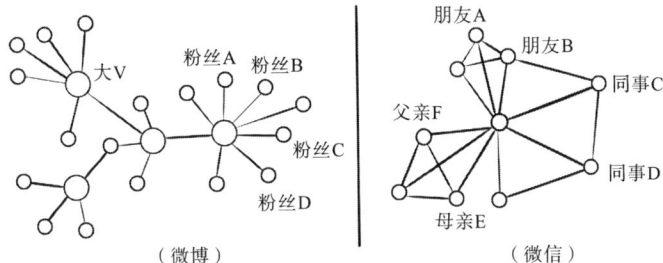

图 4-7 微博与微信在信息拓扑结构上的不同

6）商业模式

考虑商业模式层级的差异化，我们需要站在业务生态视角，使用商业画布从 9 个不同的模块思考，包括价值主张、客户细分、渠道、客户关系、收入来源、成本结构、核心资源、关键业务、重要伙伴。

构建差异化的步骤如下。

（1）梳理清楚竞争对手的商业模式，获得旧模式的制约点。

（2）针对这些制约点设计新商业模式，把脑海里的想法落地在便签上，作为蓝本贴到商业画布中（见图 4-8）。

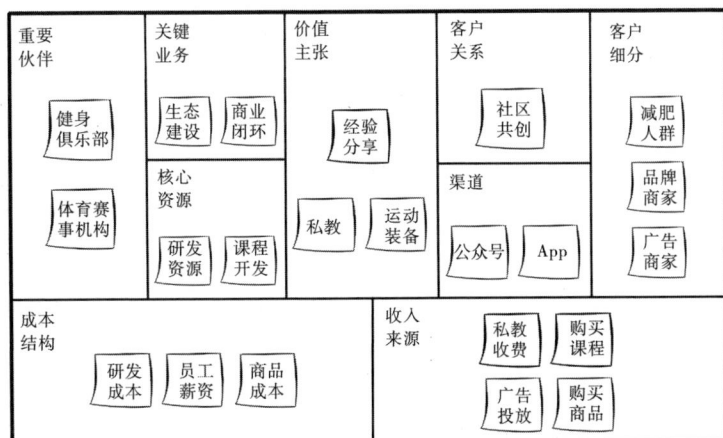

图 4-8 基于商业画布的差异化设计

53

（3）基于蓝本与同事一起探讨，让他们也贴上便签，提出自己的问题和建议。在这个过程中，产品经理一定要把便签作为可移动的工具，尝试不同的组合，每个模块的调整都可能带来差异化创新。

（4）筛选合适的差异化商业模式，如图 4-9 所示。这是核心的环节，产品经理要从带给用户的价值、新的增长引擎、成本大幅缩减 3 个方面与竞争对手的旧商业模式进行对比。并不是模式形态的差异越大越好，而是要看一个或多个方面的实际收益是否得到了显著提升。

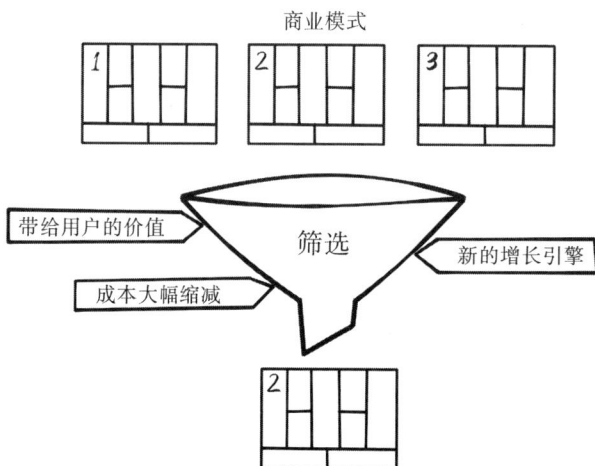

图 4-9　筛选合适的差异化商业模式

① **带给用户的价值**，指的是新的产品或服务带给用户的实际价值大幅提升，就像优步采用共享经济商业模式，通过移动互联网技术实现人与人之间的连接，利用所掌握的信息合理分配社会上的闲置资源，让供给方和需求方的价值都达到最大化。

② **新的增长引擎**，新的商业模式中存在一个新的拉动点，它可以快速聚集用户并让用户持续使用产品。比如，趣头条采用社交裂变的增长引擎，通过师徒机制、阅读返现等方式快速实现用户人群的累积，两年时间月活跃用户量便达到 4880 万人，最终成功上市。

③ **成本大幅缩减**，虽然新的商业模式还是为用户提供原有的价值服务，但可以让单位成本大幅缩减。比如，传统管理软件转型 SaaS（软件即服务）服务模式，在互联网边际成本极低的优势下，新的商业模式可以用更低的价格同时服务于多家企业，并且使自身的利润也有所提升。

2. 结合竞争对手的真正弱点，构建差异化

如果产品经理选择在产品底层构建差异化，那么用户就更容易在已有的心智小格外增加位置以存放新产品。然而，在实际竞争中，对手会拼命反击，灵活调整战术。美国营销战略家特劳特提出一个观点[①]，要保证差异化长久有效，需要满足建立于对手真正弱点上的条件。"真正弱点"是指原本的优势带来的其他方面的劣势，这类弱点是对手的硬伤。比如在篮球比赛中，身高虽然会带来篮板优势，但也会因此失去灵活性（见图 4-10）。

图 4-10 身高优势带来了不灵活的劣势

---

① 杰克·特劳特、阿尔·里斯：《定位》，谢伟山、苑爱冬译，机械工业出版社 2011 年版。

区分弱点的真假很重要，我们很容易被假象迷惑，接下来我们通过"租车服务"和"电商领域"两个产品案例来进行对比。

我们发现线上租车服务价格很高，于是希望通过"超低价格的商业模式"来实现差异化。进入领域以后，竞争对手开始疯狂降价，因为初创公司前期收入微薄，所以难以持续。因此，市场价格高不是对手的真正弱点，只是对手缺乏竞争而采取抬高价格的方式以获取更多利润。

在电商领域，竞争对手采用 C2C（个人对个人）模式，让海量的个人卖家加入，这种模式几乎覆盖了市面上所有的商品。然而，C2C 模式不能保证 100%正品和配送的时效性。因此，我们可以选择 B2C（企业对个人）商业模式来实现差异化，抢占用户心智。

4.3 让差异点贯穿产品始终

在上一节，我们已经构思了差异化，接下来就来推动产品落地。在这个过程中，我们需要从零散的差异点中剥离出核心的部分，用一个词概括，使用户能准确地理解它。

1）用一个词抽象差异点

产品经理在构建产品差异化的过程中，需要把差异点抽象为一个核心词。如果差异点需要很多词来描述，那就说明差异化不够聚焦。如果产品设计者都无法对差异点进行清晰的归纳，那么经过中间环节传达后用户的理解一定是千差万别的。对于清晰聚焦的差异点，用户的理解也会与我们想传达的词相同，如马蜂窝对应"游记"、去哪儿网对应"低价机票"等。

2）差异点贯穿产品始终

接下来，战略定位必须有条不紊地落地执行，否则容易浮于理念。产品经理需要让产品从里到外传达统一的调性，同时运营、市场部门的同事围绕差异点策划活动并进行品牌宣传，让新用户留存率持续增长。

在产品设计过程中，产品经理要把这个差异化的"词"作为产品的核心目标，它是一条主线，牵引着整个过程。具体行动会从战略层、功能层、交互层、界面层、视觉层这 5 个层面进行，先从战略层出发，选取合适差异化的战略直接决定了功能层的取舍，再要求后续的交互层、界面层、视觉层依次延续调性。整个过程就像多米诺骨牌连动，第一块牌的动力会延续推动第二块、第三块……整个过程如图 4-11 所示。叉项表示和上一层调性相悖，直接被排除的方案；虚线项表示在某些方面不足，最终没有被选取的方案；实线项表示该层面的最佳方案，它的确定会直接影响后续方案的选择。

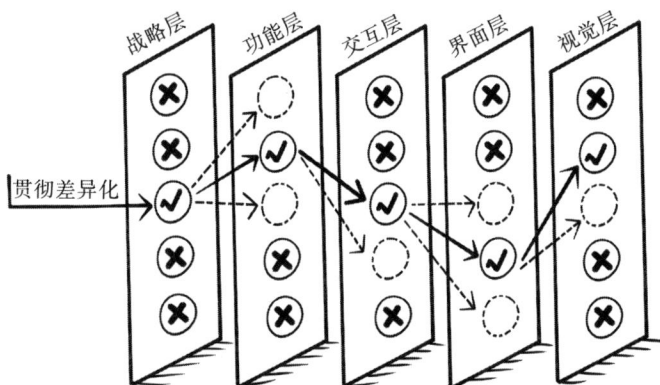

图 4-11 产品设计过程

举个例子，唯品会的战略定位是"大牌特卖"的电商平台，它的调性通过功能层、交互层、界面层、视觉层等传递给用户。功能层有三折疯抢大牌商品模块、购物车仅保留 20 分钟的限制等；因为圈定大品牌、高折扣会使商品数量减少，所以在交互层取消了底部导航，让用户更多地沉浸在浏览的过程中；界面层和视觉层也在传递着调性，唯品会没有选择高冷色系，而是采用柔和、年轻化的紫色系。

本章小结 如何构建产品差异化

1. 掌握用户心智，理解差异化

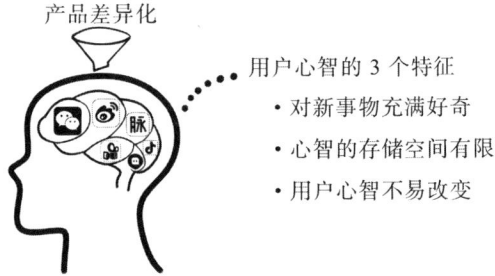

产品差异化

用户心智的 3 个特征
- 对新事物充满好奇
- 心智的存储空间有限
- 用户心智不易改变

2. 在产品底层构建差异化

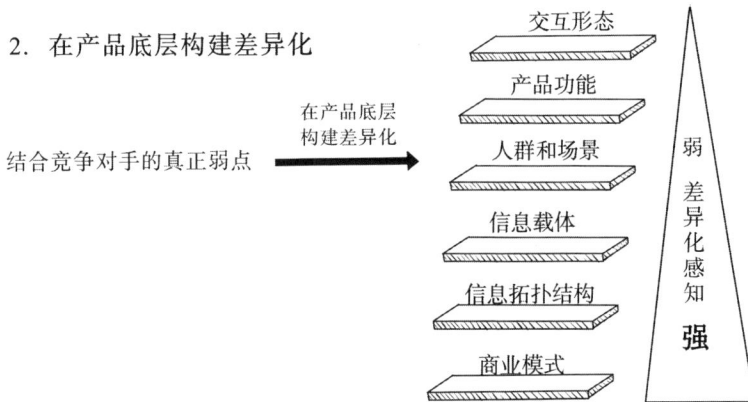

结合竞争对手的真正弱点 → 在产品底层构建差异化

交互形态
产品功能
人群和场景
信息载体
信息拓扑结构
商业模式

弱 差异化感知 强

3. 让差异点贯穿产品始终

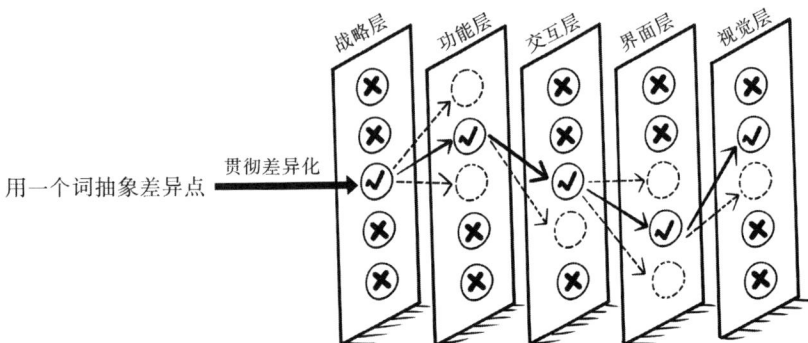

战略层 功能层 交互层 界面层 视觉层

用一个词抽象差异点 → 贯彻差异化

第 5 章

从工具到生态的产品功能思考框架

通过对第 3 章和第 4 章的学习我们已经掌握了正确的产品方向，下面我们开始沿着这条路构思产品功能。产品在刚刚诞生时，通常以工具形态解决用户的一个清晰痛点，在这个阶段我们会利用操作性条件反射原理打造一个简单可靠的回路，培养用户对核心功能的使用习惯，以后有类似场景再次出现时，用户的潜意识中就会出现该产品。

虽然我们可以把工具打造得非常好用，但可能会缺少温度感，人们都在内心深处渴望获得认可、与他人交往、探索未知和超越自我。因此，我们需要赋予工具人的属性，让用户使用产品时，仿佛在和产品进行交流，从而满足用户的情感诉求。

随着功能逐渐强大，产品可能不再是简单的工具，而会发展为复杂的系统。我们需要从系统的视角为用户构思功能，找到复杂系统的杠杆来获得突破，取代通过因果关系解决问题的思路。

笔者通过 3 部分来讲述构思方法。

♪ 第一步，基于操作性条件反射构思产品功能。

♪ 第二步，基于用户情感构思产品功能。

♪ 第三步，基于系统视角构思产品功能。

5.1 基于操作性条件反射构思产品功能

我们的产品帮助用户解决的关键痛点，需要在用户脑海中形成一个简单可靠的运转回路，使用户在若干次操作以后养成习惯。如果出现同样的场景，用户就能立刻想到我们的产品，也会抱有"使用功能以后获得好处"的期待。笔者先从著名的斯金纳箱实验开始分享。

行为主义者斯金纳在 1938 年做过一个操作性条件反射实验,如图 5-1 所示。他准备了一个箱子,里面有可供按压的杠杆,旁边有一个承接食物的盒子。按压杠杆以后,块状食物可以顺着通道从盒子里掉出来。他让一只健康的小白鼠禁食 24 小时,然后把它放入箱子,只要小白鼠按压杠杆,就可以获得食物,经过若干次的重复,小白鼠就形成了条件反射。

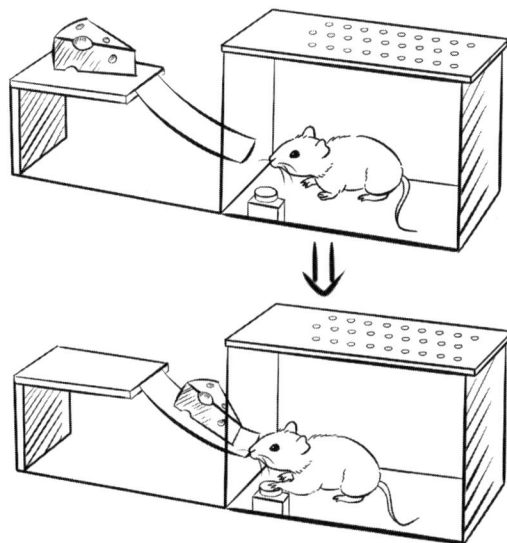

图 5-1　操作性条件反射实验

这个实验的结论也适用于人类,虽然人类有更加复杂的逻辑分析能力,但大脑仍然存在同样的操作性条件反射[①]。在实际培养用户使用习惯的过程中,基于操作性条件反射,我们把用户使用核心功能的过程拆解为动机、行为、好处 3 个关键点来思考。动机是用户行动的驱动力,采取有效行动以后可以获得相应的好处,具有激励性的好处反过来也会满足动机。它们形成一个循环的闭环,不断地向用户输出产品的核心价

①　B.F. Skinner：Science And Human Behavior,Free Press,1965.

值（见图 5-2）。比如，在春暖花开的季节，我们通常想去郊区或其他城市赏春，不希望错过任何景点和美食，于是我们尝试使用旅游攻略 App 来解决问题，旅游攻略 App 上有很多资深旅游爱好者分享的旅行攻略和故事，可以帮助我们快速制定行程攻略，并且让我们在旅途中节省大量时间。最后，这款旅游攻略 App 带来的好处会满足动机，我们在下次出行时会自动激活上述闭环，启动这款产品获取好处。

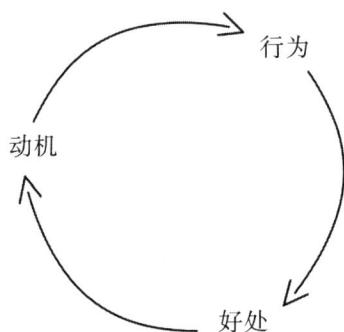

图 5-2　培养用户使用习惯的闭环

如果产品的核心价值闭环运行效率高，那么用户在培养习惯上花费的时间就少。为了达到这个目的，我们需要打磨核心价值闭环的两条连接，它们分别是反馈效率、预期性价比（见图 5-3）。

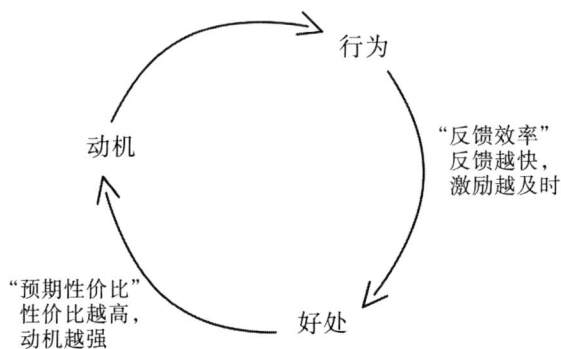

图 5-3　提升闭环的运行效率

1. 反馈效率

如果我们能缩短在采取行动以后获得好处的时间，提升产品反馈效率，那么用户也会更加认同这个行动并加速实施。比如，在备战考试的过程中，有些同学容易灰心，最终选择放弃。核心问题在于学习和激励这个链路的反馈漫长，经过几周的"头悬梁、锥刺股"以后，成绩仍不见起色，虽然方向正确，但动机迟迟得不到满足，这些同学最终丧失兴趣。如果这些同学换一种方式，针对每天学习的内容进行简单的测验并绘制成绩图表，让自己直观感受到进步，那么自己的梦想也会变得清晰，这条价值闭环就会不断被强化。在产品设计过程中，我们可以采用拆分阶段和重塑链路的方式来提升功能反馈效率。

1）拆分阶段

我们可以把一个完整的任务拆分成多个阶段，每个阶段一结束就快速把这个消息传递给用户。其实，我们平时已经接触了很多类似形态，但往往局限在交互上，如当前更新进度等。**我们可以暂时把焦点从可见的交互层移开，从用户的使用场景去还原整个过程，基于这条主线去思考，看看交互、功能、信息流等不同维度是否存在拆分处理的机会点。**比如，在知乎平台，用户将自己的困惑以开放性讨论的议题形式发布出来，他们的内心是满怀期待的。我们通过数据也能发现用户当天会不断地回到问题页面，查看是否有新的回答。以知乎提问流程的不同阶段为例，如图 5-4 所示，我们在设计提问模块时可以拆分阶段，从提问中、提问后分别给予及时反馈。提问中会实时匹配站上已有问题，用户需要的是可信赖的解答；问题创建以后，在等待其他用户回答的空档期，为用户推荐高相关度的回答、文章、视频、电子书，使其进行替代性消费；另外，回答是一种较高门槛的行为，数量必定不多，因而我们可以采用低门槛的"好问题"互动形式，让消费者帮忙宣传，这种轻量级的激励行为能给予用户频率更高、时效性更强的反馈。

提问中，实时匹配站上已有问题	提问后，展示相关内容	其他用户的激励

图 5-4　知乎提问流程的不同阶段

2）重塑链路

除了拆分阶段，我们还需要梳理产品给予用户即时反馈的关键路径，**罗列背后的耗时点，考虑在耗时最多的环节增加并行链路或替代已有机制来提升产品反馈的速度**。比如，知乎早期的提问流程需要提问者或其他用户通过邀请进行问题分发，只有被邀请的用户才能更快地看到问题。然而，提问者对站上的用户不一定熟悉，并且这个步骤容易被遗忘，最终影响问题回答率。因此，我们可以在此基础上增加并行链路，即问题自动匹配，根据知乎对站内用户创作方向和能力的综合了解，智能推荐给潜在回答者，让问题的回答率得到大幅提升（见图 5-5）。

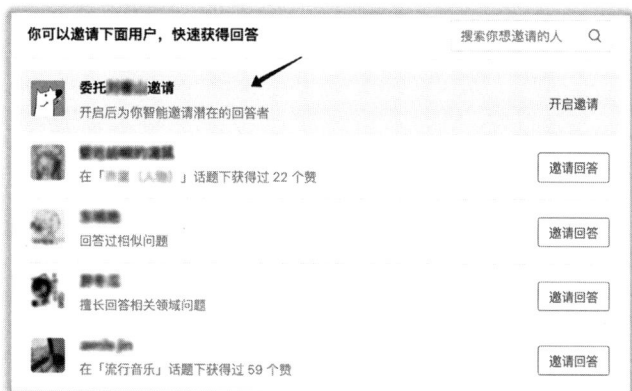

图 5-5 在知乎邀请用户回答

2. 预期性价比

用户在完成一次产品的核心价值体验闭环以后，内心会衡量投入产出比，比例越高越能增加动机的满足感。比如，一家人准备去公园玩，虽然线上买票可以优惠 5 元，但注册时需要填写姓名、身份证号、手机号等各种信息。用户可能购买完第一张票以后就选择了放弃，因为为了享受 5 元的优惠，需要承担敏感信息泄露的风险。显然，该产品的性价比太低，没能很好地满足动机。

我们在这里采用的性价比属于一个比率，同时有分子和分母。在产品设计的过程中，我们可以从两个方向着手：增加核心价值和降低操作成本。

1）增加核心价值

我们需要思考在当下场景提供给用户的核心价值是什么，盘点输出该价值的链路，寻找提升价值的机会点模块。比如，在知乎上用户创作内容是希望自己的观点能被传播并引起共鸣，我们需要让创作内容获得与其质量相匹配的曝光、互动、关注，这样创作者能收获同等或更高的价值。因此，知乎很重视问题下回答的排序，不会单纯按照简单的赞同加和处理，否则容易使煽动情绪的内容居于榜首，而忽略了专业、严谨的高质量内容。为了避免与愿景相背离，我们花了更多的时间去打磨自身策略，让内容和曝光等价。与此同时，我们也应在互动维度探索更多低门槛玩法（见图 5-6），促使消费者更愿意对创作者的内容进行表态，从而增加创作者的收获。

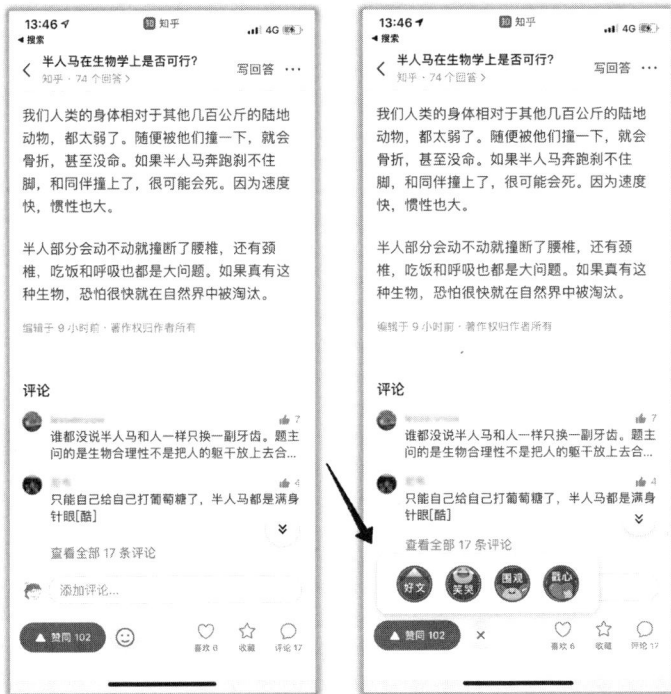

图 5-6　更多低门槛玩法

2）降低操作成本

用户从下载产品的那一刻开始就在不断地投入成本，包含学习成本、操作行为成本、购买增值服务的金钱成本等。我们需要通过设计功能尽量减少用户各环节不必要的付出。用户在提问前通常会进行搜索，有些提问是找不到满意的答案以后发起的，因此我们可以在搜索结果页上设计一个快捷提问入口，用户基于已输入的搜索关键词进行简单补充，然后一键发布（见图 5-7）。

图 5-7　用户在知乎搜索时可以便捷提问

5.2　基于用户情感构思产品功能

我们专注于产品的核心价值闭环并持续打磨，这能让用户养成使用习惯。但此时产品仍处于"好用"阶段，不会让用户觉得"还想用"。因为工具是冷冰冰的，而人是饱含情感的。情感是自我存在的基石，我们需要把产品变成一个"人"，从人的角度和用户进行沟通，满足用户情感诉求，如图 5-8 所示。

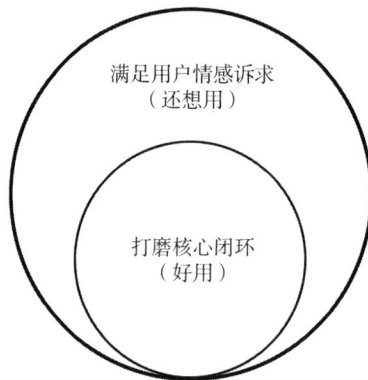

图 5-8　从基础功能到满足用户的情感诉求

　　用户在养成操作习惯以后，会逐渐开始摸索并掌握更多拓展的新功能，其实这背后对应着从基本痛点向更高的精神食粮进发的诉求，用户想拥有进阶的成就感、融入社群的归属感，以及探索和超越带来的巅峰体验。

1. 进阶的成就感

　　成就感是指一个人做完一件事情或正在做一件事情时，为自己做的事情感到愉快或成功，即愿望与现实达到平衡时产生的一种心理感受。用户通过产品满足自身需求，在这个过程中不断与产品进行交互，从而产生许多自我激励的行为。因此，我们需要通过一系列产品设计去帮助用户清晰地看到自身的成长和价值，同时使他们主动创造更多触发成就感的机会点。

1）建立细颗粒度的里程碑

　　用户使用产品的过程是漫长的，他们需要通过类似高速公路上的路牌的引导来了解当前的进程和速度。在具体设计产品里程碑密度时，我们可以按照初期密集、后期疏松的策略进行。新用户对高频刺激更为敏感，而老用户期望收获更具稀有度的激励。比如，知乎创作者中心的等级设定，如图 5-9 所示。用户在创作有信息价值的内容以后能较快地提升到 Lv3，偏向于快速、高频的正向反馈；等级为 Lv4 及 Lv4 以上的

创作者需要更多优质的创作才能进阶，并且解锁以后获得的权益也是具有高价值且
非常稀有的。

图 5-9　知乎创作者中心的等级设定

2）成就显性化

用户的很多付出和收获都是零散地分布在各个功能点中的，如果汇总起来就会让
用户惊叹，原来自己有这么多成就。我们需要帮助用户打造"成就仪表盘"，使其成就
显性化，如图 5-10 所示，具体可以从以下 2 个维度来打造。

图 5-10　成就显性化

（1）**经历维度**，独一无二的经历成为自己永久的回忆，这能很好地引起情感共鸣。

（2）**付出和收获维度**，可以见证用户的投入和成长，比如各类型内容的累计创作数、在哪些领域是优秀回答者等。

3）从新的角度解读成长

成就显性化主要基于站内已有维度，**如果我们要进一步带给用户惊喜，就需要花时间向深度挖掘和分析，帮助用户获取意料之外的信息维度**。比如，知乎创作者分析报告，如图 5-11 所示，用户的内容达到一定条件以后，自动生成报告并分享给创作者，让用户带着好奇和惊喜去发现自己未曾了解的优秀一面，从而提升用户的创作成就感和意愿。

图 5-11 知乎创作者分析报告

2．融入社群的归属感

前面我们讨论了进阶给用户带来的成就感，然而用户的情感诉求并不止步于此，接下来我们开始打造用户的归属感。生活中有很多圈子，我们几乎没有察觉到它们是如何创建的。如果我们仔细观察和体会，就能发现用户融入社群分为 3 个阶段：加入社群的动力—建立连接—融入社群，如图 5-12 所示。人们的社交能力是与生俱来的，在某种需求的驱动下会产生行动。比如，我们期望买到折扣类商品，这就驱使我们加入各类社群，当然真正融入一个社群需要很长一段时间，先确定符合彼此的需求，再满足社交情感诉求，最后认同社群文化并产生社群的归属感。

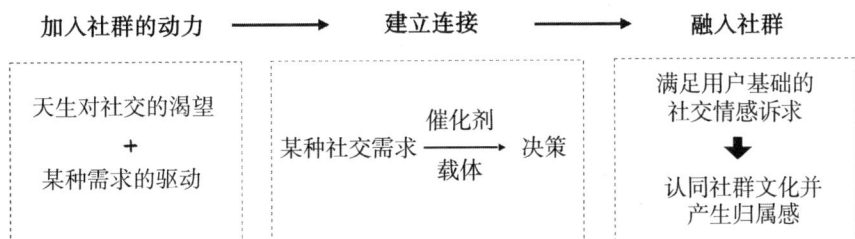

图 5-12　用户融入社群的 3 个阶段

接下来我们将剖析用户融入社群的过程，并且探讨如何构建功能帮助用户自然融入社群以获得归属感，最终提升产品黏度，进而提升用户留存率。

1）加入社群的动力

社交是人类的本能，在某种需求的驱动下，我们相互连接形成社群，满足情感诉求。

（1）天生对社交的渴望。社交源于自然进化，生物通过基因突变的方式创造出多元化物种来应对环境变化。早期的人类偶然突变出了社交的基因，他们以群居为主，同时也存在不善社交的个体。**原始社会时期，社交有利于达成统一意见，形成群体，比单人作战更具有优势，经过优胜劣汰，生存力更强的基因得以延续。**

71

接下来，我们再从微观的心理层面来看，**人们内心一直运行着一套定位自我价值的生理机制**。如果我们独处的时间过长，没有获取任何外界同伴的信息，就会开始焦虑，焦虑是系统的反馈信号。这个信号会让我们具有强烈加入一个群体的欲望，在接收到外界反馈以后，确认自我存在的价值，此时我们内心的焦虑感逐渐消失。

（2）某种需求的驱动。一辆自行车，在施加外力的情况下，能飞快地运转起来。**在我们融入社群时，这个外力便是某种需求，即我们渴望从社交中获得物质或精神层面的好处**。这类需求覆盖面很广，可能是在迷惘时寻求别人的慰藉，可能是在朋友面前露一手而获得赞美。需要我们注意的是，需求越频繁、刚性，用户就越想加入社群。

2）建立连接

在具有了加入社群的动力以后，用户开始寻求和其他用户建立连接。人与人建立关系是一个复杂的过程，我们可以把这个过程拆分为载体、决策、催化剂3步进行观察。在产品设计中，我们可以打磨上述过程，让用户之间更容易建立连接。

（1）载体。载体是用户建立连接的一种实体，不同载体的特征丰富程度、产出成本、识别成本是不同的，从而直接影响了用户之间建立连接的密度和速度。

第一，特征丰富程度。内容载体携带的信息可以体现创作者的人设，丰富程度高的载体能展示用户某一方面的专业能力和兴趣点，具有较高的关注转化率。我们很少在评论区去关注其他人，因为信息价值含量过低，只能表达清楚观点。而知乎上的一个有质量的回答可以较好地展示出创作者的专业能力和兴趣点，让其他用户决定是否关注他。

第二，产出成本。用户创作载体时需要付出一定的成本，它决定了产出的频率和人群范围。比如，平台的流通载体以长文为主，对创作者的要求会比较高，能达到要求的人也比较少，并且单篇的创作时间长、频率较低。

第三，识别成本。用户浏览内容需要消耗精力、时间，如果用户的碎片化时间是固定的，那么消费长文的载体数量肯定会明显少于消费短文的载体数量，这样会使用户之间建立连接的机会减少。

（2）决策。平台上的文章、短文蕴含着创作者的观点、思维方式、专业领域、价值取向、兴趣等。用户基于载体携带的丰富信息通常会从两方面考虑并进行决策：第一，该创作者是否与自己的需求匹配，即是否可以满足自己当下需要建立连接的诉求；第二，用户是否持续活跃，即在未来是否还能给予自己想要的信息，是否只是一次性的价值输出。

（3）催化剂。催化剂能更好地促进用户和用户之间建立连接，虽然各类平台上都有很多兴趣相同的用户，但他们并不会都彼此关注。兴趣相同是一个必要非充分条件，除此之外，他们还需要预期到关注对方能持续带来的额外价值，即一种打动自己的"催化剂"。否则只会感受到双方在某些方面比较契合，而没有很强的动机去建立连接。比如，用户想关注我们的动机只是在我们发表动态的时候出现，这类产品机制偏弱，不足以让用户产生欲望去关注。只有在基础功能上我们提供额外的价值刺激用户，才能拥有更高的关注转化率。比如，你只有关注才能为喜欢的明星打 Call，才能在评论区显示你是"铁杆粉丝"，才容易被大 V "翻牌子"等。

3）融入社群

虽然用户能依赖载体建立连接，但认识一些朋友并不代表真正融入了一个社群，还需要经历两个阶段。第一个阶段属于满足用户基础的社交情感诉求，用户针对共同感兴趣的内容进行互动、表态，在融洽的氛围中逐渐感受群体的价值观并慢慢接纳，这时就到了第二个阶段——认同社群文化并产生归属感。接下来，我们分别来看一下这两个阶段。

（1）满足用户基础的社交情感诉求。虽然用户之间会不断产生感情，但并不一定要流露出来，当平台能很好地识别并设计出承接用户之间的互动时，用户的情感自然会得到释放。比如，用户在读到作者伤心的经历或遭遇，希望可以安慰他一下时，"抱抱"这个表情就恰好能帮助用户表达情感。完成了情感承接以后，我们接下来需要让用户高频互动，如果用户无止境地向外输出情感，而自身却得不到回应，那么后续互动的积极性必然降低。因此，我们可以把单向互动打造成双向互动或多边互动，使用户愿意持续地表态和收获情感。

① 构思承接情感的互动。用户之间的连接通常是通过互动来完成的，其中有两类互动模式："人一人"和"人一内容一人"，前者是直接的点对点，后者会基于内容载体表达情感。模式不同，构思满足情感功能的方向也会不同。

"人一人"互动模式更多应用在即时社交、游戏等领域，用户和用户之间直接连接进行互动。人与人之间是在碰撞中产生情感的，因此我们可以将行为分为两类：合作和竞争。如果大家齐心协力面对困难，最后通过努力达成目标，就可以获得归属感、认同感。如果用户和用户之间存在竞争，那么胜出者会获得荣誉感，失败者内心也会较劲想重来。

因此，在"人一人"互动模式中，我们可以把合作与竞争作为思考的方向，如图 5-13 所示，再结合自身业务去探寻，找到用户在产品的不同场景中容易产生的情感，将它落实到实际的功能中。比如，在合作上，我们可以设计助力（价值和力量感）、击掌（庆祝和兴奋）、送礼物（希望被关注）、喜欢（愉悦）等互动；在竞争上，我们可以设计排名（胜利）、切磋（较劲）、团队竞技（陪伴和归属感）等互动。

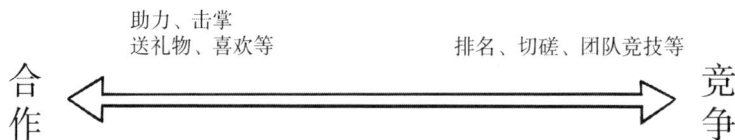

图 5-13　把合作与竞争作为思考的方向

社区类型的产品通常采用"人—内容—人"的模式，平台分发用户创作的内容，其他用户可以基于内容与创作者互动。比如，用户在知乎创作了一篇文章，后续用户会围绕这篇文章内容不断地收到赞同、喜欢、评论，从而获取一批粉丝。

内容的本质是创作者内心观点的表达，站在社交情感的角度上他们渴望收到读者的反馈。**我们在考虑产品功能时，可以把丰富的表态方式作为思考方向，**如图 **5-14** 所示，思考用户希望基于内容传递给创作者哪些情感，并且同时用相应功能做承接，如赞同（认可）、推一下（支持）、表情互动（同情、安抚、搞笑等）、分享（共鸣）、打赏（对他人的肯定）等表态方式，让双方具有更丰富的情感交流。

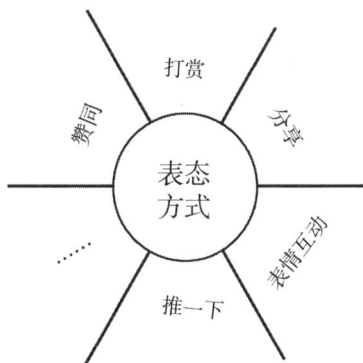

图 5-14 把丰富的表态方式作为思考方向

② **打造双向互动或多边互动。**基于上述内容我们已经建立了承接当前情感的互动，在之后的产品功能设计上可以打造双向互动或多边互动，如图 5-15 所示。单向互动属于对内容或人进行的输出性操作，后续不会收到任何反馈，这类互动在产品上很常见，比如喜欢、鼓掌、推一下等，用户对此仅有微弱的参与感。

我们在构思产品功能时，可以打造双向互动或多边互动。双向互动能让双方都参与进来，用户在表达完以后，有机会收到对方的回应，比如击掌、直播弹幕等；多边互动是多人参与、呈现网状拓展的互动，一个人可以得到多人的回应，比如视频弹幕、评论等。

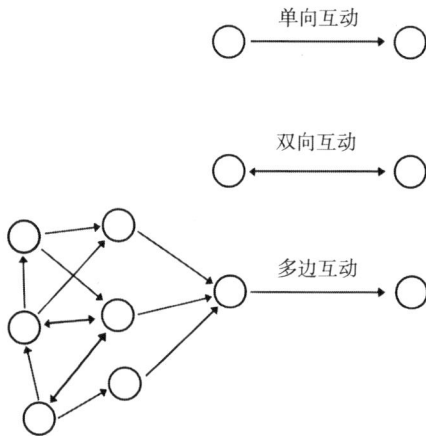

图 5-15　单向互动、双向互动和多边互动

除此之外，我们可以针对已有的单向互动进行升级，一方面让创作者在收到用户反馈以后，以更低的成本进行回应。同时，平台给予用户荣誉上的激励，让他们感受到互动的额外价值，比如发现达人、超过 50 次鉴定好内容等标识。

（2）认同社群文化并产生归属感。在满足了基础的社交情感诉求以后，我们开始逐渐察觉到产品平台上存在着某种文化，即我们常说的调性，它没有真实世界的文化那么复杂，通常是人和人之间思想碰撞产生的某些共识，最终在产品上形成了相似的语言表达、思维方式。调性时刻影响着群体成员的言行举止，用户只有理解和接纳文化以后才能在精神层面获得归属感。接下来，我们来看看用户是如何融入文化的，产品经理应该如何提供这样的"沃土"。

① 融入社群文化。用户融入一种文化的过程并不是简单地给予和接收，而是分为 3 个阶段：聚焦关注、平等参与、认同社群文化。

首先是聚焦关注。先举一个例子，周末我们去参加演唱会，舞台下的粉丝非常热情，到了歌曲的高潮部分，大家喊出了一致的口号、发出尖叫声，在这样的场景下，我们心中无比激动、眼中泛起了泪花。现在，我们从例子中脱离出来，看看到底发生了什么，**我们处于一个具有边界的亚文化圈，大家在同一时间段关注了同一件事情**，同时能在公共场合感知到对方的存在并能开放地表达情绪。在上述场景中，一旦某一用户喊出了心声，一定会引起共鸣。

其次是平等参与。我们应该不会认为资讯类 App 具有社群感，而把知乎、b 站认为是社区，在社区里面活跃着各类亚文化的小社群，很重要的一个区别因素在于平等参与。当一个人用扩音器在传递消息时，即使有评论区讨论，创作者和消费者也有巨大的话语权差异。哔哩哔哩视频的弹幕机制作为视频在某一时间点的额外信息补充，这样可以形成共同创作，让消费者走到前台，拥有和视频创作者同等重要的地位。因此，社群产品更加需要均匀分配的话语权，由大家共同完成内容，否则天平倾斜时，大家会认为是参与了一场报告会。

最后是认同社群文化。我们通过产品机制邀请用户使用产品的核心功能并参与相关活动，以创造更多的机会让用户彼此触碰、感受产品文化，在关注到社区中的集体行为、想法、信念时，用户会潜移默化受到感染。与此同时，我们可以构建一套良性运转的产品生态，让每个用户输出的思考、观点都能够与产生共鸣的人群匹配，让在这种氛围下的用户渐渐理解文化形成的原因及其意义，最终找到群体并产生归属感，真正融入文化。

② 塑造自身平台的文化。我们已经了解了用户融入文化的整个过程，现在我们来看一下产品经理应该如何提供这样的"沃土"，让用户通过群体共同的价值观较为稳定地结合在一起并孕育多样的文化。在产品维度，产品经理可以依赖 3 个步骤：构建环境、文化主张、自生长。

第一，构建环境，即提供给用户一片利于融入文化的"土壤"。在产品设计过程中，产品经理要充分运用上述融入社群文化需要的元素，给予用户共同关注一件事情的机会，并且让所有人拥有同等话语权进行沟通。比如，知乎上一个问题的数千个回答都来自用户不同的理解，并且每个回答都是平等存在的；知乎圆桌采用用户提问和嘉宾回答的形式，这种形式也是在某个时间段大家汇集在一起，以平等的姿态共同探讨。

第二，文化主张，虽然良好的"土壤"能滋养社群的成长，但提炼出明确的文化主张更加重要。当前，快节奏的生活把每个人的时间都碎片化了，**要求用户在更短的时间内融入产品文化，产品经理需要从泛文化中精炼出核心内容，然后采用显性化设计传递给用户，通常采用"功能符号"去承载**。我们来看一下图5-16，在知乎社区我们会从泛文化中（真实、专业、解答、开放、高效等）精炼出核心内容（让每个人都能获得高效、可信赖的解答），设计传递调性的产品功能符号（邀请、赞同、反对、感谢、开放式提问、圆桌）。

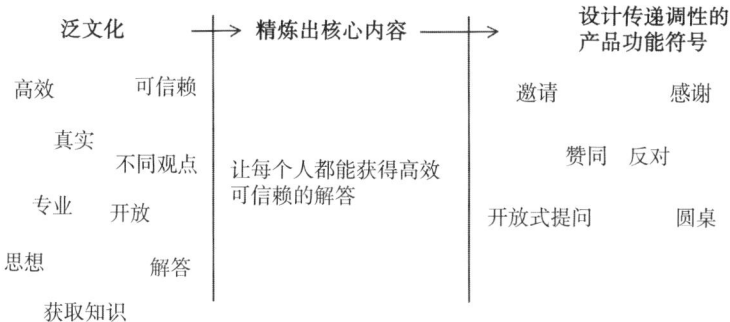

图 5-16　精炼核心内容，设计功能符号

第三，自生长，围绕产品核心的文化主张，群体也会自下而上地生长出多元文化，**这是一个漫长的用户自发碰撞的过程，通常这些文化以"语言符号"的形式存在。产品经理不仅要创造聚焦讨论的机会点，还要构建产品机制并制定运营策略让新文化容易被放大**。比如，算法捕捉高热度的弹幕、评论，提高展示权重和强化样式，再经过传播和发酵就有一定的概率形成一种亚文化的缩写词，就像知乎的"谢邀""刚下飞机""细思极恐"、哔哩哔哩的"AWSL""爷青回"等。

3. 探索和超越带来的巅峰体验

用户融入社群以后，粉丝、情感羁绊会成为留存的资产和抓手，但长期在熟悉的环境中做重复的事情，用户容易感到乏味，进而会慢慢流失掉。因此，产品经理设计产品功能时需要考虑弹性，具体可以从新挑战、向外输出的无私奉献、激发创造力 3 个方向进行探索（见图 5-17）。

图 5-17　知乎提供用户持续探索、超越自我的方式

1）新挑战

产品经理提供稍微超出用户当前能力的一些挑战，用户在跨出舒适区以后，通过适度思考完成目标，这会是一次巅峰体验。比如，在知乎，我们会把有一定门槛的实时热点问题分发给专业领域的创作者，他们需要运用自身沉淀的知识和独特的视角进行创作，而不是简单地进行理论知识的阐述。在收获了源源不断的正向反馈和情感共鸣以后，创作者会感到非常欣慰。

2）向外输出的无私奉献

繁衍是人类刻在基因上的内容，为了实现这个目标产生了奉献的行为，**这种行为能让整个人类群体更好地发展，**同时在向外输出的过程中自己也可以有所收获。比如，话题百科，创作者在自己擅长的话题下为用户编撰、整理内容，提供深入浅出的概括内容，让有系统学习需求的人可以更好地入门，同时创作者在向外输出时也能收到来自受益者的感谢。

3）激发创造力

创造力可以为用户提供长期的新鲜感，产品经理可以借助它设计产品功能，让用户根据自己的想法进行组织和创造，然后分享并获得认可。比如，"如果在太阳系中把地球和太阳的位置交换一下，其他不变，那么会发生什么""如何淹死一条鱼"等问题聚集了几千个杰出的回答，这些回答都是创造力的体现。

5.3 基于系统视角构思产品功能

从简单的工具到赋予情感，产品功能会逐渐变得强大，最终成为一个复杂的系统。在设计产品时，我们通常会采用化整为零的方式，把视野集中在单个模块，然后逐一处理问题。然而，世界充满复杂性，这种方式在很多场景中并不能达到目的。比如，对于有些贫困落后的地区，慈善组织通过物质、医疗的援助是无法解决根本问题的，资源耗尽以后这些地区依旧落后。如果我们从系统思维出发，就可以找到解决这些问题的根本方法，即帮助贫困地区建立良好的教育体系来改变人们的信仰和认知。

同样，在构思产品功能时，产品经理也可以站在系统的视角去分析整个产品系统，找到系统杠杆点，实现高性价比的改造。随着系统不断运行、成长，多元化的新生事物会应运而生，产品经理不妨保持开放的心态耐心观察，同时也对产品进行调整，让它朝着最终的愿景进发。

笔者在本节以内容社区为案例，分享站在系统视角构思产品功能的过程。假设近期社区的内容创作量一直处于横盘状态，产品部门的同事和运营部门的同事都在不断尝试新打法来调动用户的创作积极性，有些手段没有带来任何变化，而有些手段只能在短期拉动数据，然而我们希望产品生态能保持良性运转，向着既定目标进发。

针对这个问题，我们开始基于系统视角构思产品功能，如图 5-18 所示。首先剖析内容社区的生态系统，其次找到持续增长的制约点，然后调整杠杆点，最后基于愿景对生态系统的演进进行引导。

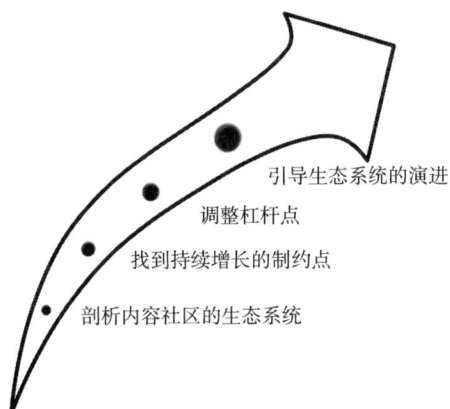

图 5-18　基于系统视角构思产品功能

1. 剖析内容社区的生态系统

社区是由若干个相互关联、相互作用的部分共同形成的一个"供给消费"系统，我们使用简单易懂的方式进行表达，系统关键点之间的连接为"箭头和加号"的表示强化，连接为"箭头和减号"的表示减弱（见图 5-19）。

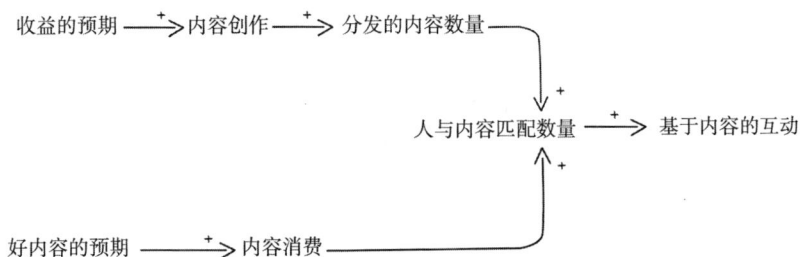

图 5-19　供给和消费进行匹配

1）供给层面

创作者因为某种预期来到平台，这种预期可以是收获流量、变现等，预期越强，创作者的动机就越强，创作的频次也会增加。如果平台拥有更多丰富的内容，那么算法就能更精准地匹配消费端用户，满足用户多样化的阅读需求。

2）消费层面

用户期待可以浏览更多感兴趣的内容，动机会促使用户开始消费。随着浏览量的提升，许多创作者的内容都可以得到分发传播。

在这个过程中，人与内容精准匹配的次数变多意味着消费用户更愿意在内容上表达观点、做出评论，创作者持续不断地收到正向反馈以后，会强化自身收益预期。与此同时，消费用户收获好内容的预期也会得到增强，他们收到的正向反馈体现为两条强化回路，如图 5-20 所示。

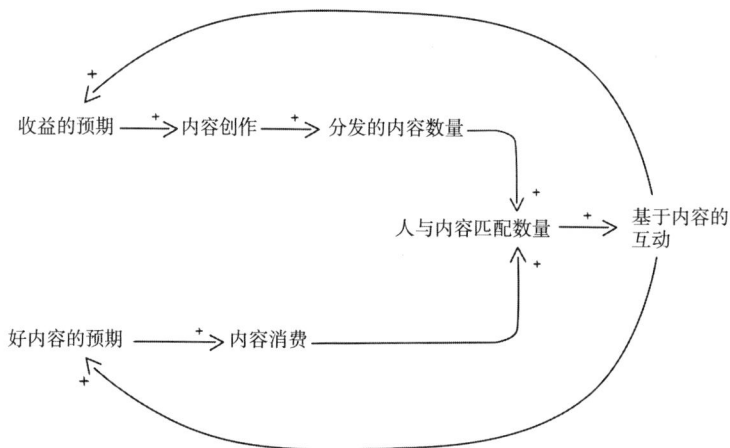

图 5-20　消费用户收到的正向反馈

2. 找到持续增长的制约点

整个系统中不仅有强化，还有调节回路进行相应的制约，就像植物生长到一定程度自动分泌抑制生长的激素一样。这类调节回路也普遍存在于产品系统中，找到它们有利于制定相应打法，让系统获得持续提升。

针对内容社区遇到的增长问题，我们可以观察存在哪些制约点，创作维度通常受日活创作人数限制、人均创作时长限制等，同样日活消费人数限制、消费时长限制也是制约消费持续增长的重要原因。消费和创作人群的匹配准确度来自算法，人们只会浏览自己感兴趣的内容。另外，内容详情页的互动门槛过高、缺少玩法都会使消费用户的操作行为减少（见图 5-21）。

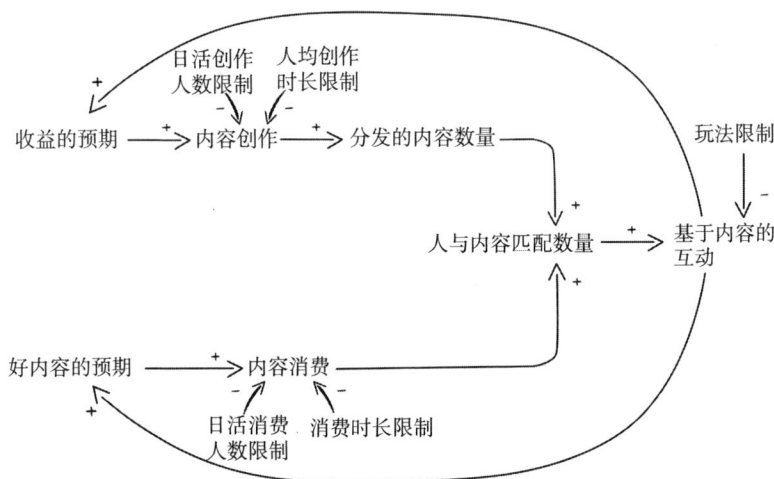

图 5-21　针对案例的增长制约点

3．调整杠杆点

面对上述系统制约点，我们习惯采用因果思维方式，因为这种方式具有"短平快"的特点。然而，这种方式在具有多个原因和结果的复杂系统中很难从本质上解决问题，比如平台在短期内通过运营活动来增加内容创作数量，当活动停止以后数据很快就会恢复到正常水平。面对系统制约点，**既然增加、减少单一元素很难带来质变，那么我们**

可以尝试在产品系统功能目标、要素的连接关系等方面做出改变。我们将其运用在当前"内容社区创作量横盘"问题中，针对案例寻找系统的杠杆点，如图 5-22 所示。

系统功能目标：Feed卡片曝光点击率 ⟶ 创作者和消费者留存率

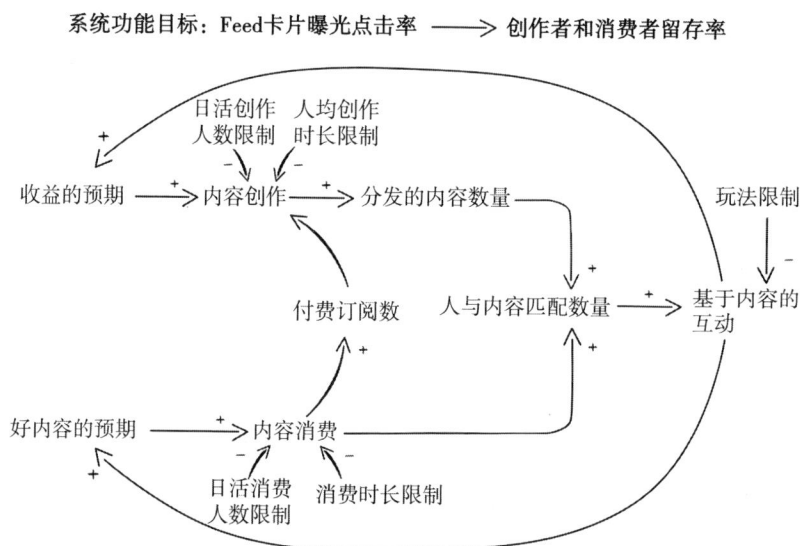

图 5-22　针对案例寻找系统的杠杆点

调整要素的连接关系，案例中的社区流通主要依赖于推荐，我们可以额外建立一条连接，比如付费订阅功能，在消费用户推什么看什么之外，增加新的私域流量。当然也可以直接改变某些连接，比如用户互动行为会被玩法限制，我们可以提供更多低门槛、多元化的互动形式来满足用户预期（注意，并不是所有连接都能轻松调整，我们需要灵活辨识，如个人消费的空闲时间、用于每日写作的时间，这些就很难提升）。当我们改变了消费层面的系统连接以后，新引入的创作人群留存率会得到明显提升，从而使创作人数、内容数量持续增加。

调整系统功能目标，以前推荐系统的核心目标为帮助用户建立更多匹配关系，核心评估指标为 Feed 卡片曝光点击率，这容易导致新创作内容分发偏少，更多流量集中在少数热门内容上，使刚引入的创作人群流失率升高。如果我们以创作者和消费者的留存率为核心目标，以卡片曝光点击率为中间监控指标，就会发现新用户的非低质内容开始更好地获得分发流通，留存率得到提升，创作数量也持续增长。

4．引导生态系统的演进

我们通过系统视角构建产品功能，让它不断地加速自生长。在良性运转的产品系统里，我们还需要保持开放的心态让用户创造出多元化的新事物，它们会让我们重新审视和修正既定方向。在这个过程中，我们仍需要一把演进的"剪刀"，对产品进行引导、干预，让它朝着既定方向持续前进。从系统开始运行，新事物每时每刻都会诞生，然后再不断被选择和被淘汰，我们用一个公式来概括引导生态系统演进的几个核心要素，如下所示。

引导生态系统的演进=自生长驱动力+审视新事物+演进的"剪刀"

1）自生长驱动力

系统需要一种能让它持续"野蛮"生长的动力，缺少这种动力，用户会逐渐离开系统，最终导致生态枯竭。那么，是什么力量在底层驱使系统持续健康运转呢？系统里的各类角色都希望"收获的价值"大于"自己付出的成本"，这个差值越大，形成的势能会越强，无形中构成一股自发的力量推动系统自生长。比如，上述社区案例的系统包含供给者、消费者、平台自身 3 种角色，在实际生活中还会有商业客户，他们分别满足以下状态。

- ♬ 供给者，变现收入+在社区中收获的价值感、归属感 > 创作成本。
- ♬ 消费者，在社区中收获的价值感、归属感 > 消耗的时间、精力等成本。
- ♬ 商业客户，获得的商业价值 > 投放成本。
- ♬ 平台自身，商业营收+用户带来的价值+品牌价值 > 融资+运营、市场、员工等成本。

2）审视新事物

在拥有系统的驱动力以后，用户会不断涌入，这时会诞生各类新事物。我们每个人都是在不同环境、不同文化氛围中成长起来的，人和人之间的碰撞会产生不一样的思想火花。同样，UGC（用户生产内容）用户主动加入具有开放性的产品系统，无形中会贡献多元化的内容。这个过程会产生以下两种现象，我们需要怀着好奇心观察，它们有助于我们修正既定的产品方向。

（1）新事物背后的趋势。新事物看起来和平台主流有些格格不入，需要我们耐心观察其背后隐藏的信息，它可能是一种新的需求、商机或未来的趋势。比如，内容社区随着自生长衍生出不同的内容形态，如购物心得、内容连载、解答疑惑等在未来可能分别拓展为好物推荐、订阅付费、个人咨询等。我们不妨怀着开放的心态并进行大胆猜想，也许新事物能释放出巨大潜力。

（2）生存的最优解。用户在创作过程中会消耗自身的有形或无形的成本，大多数用户都希望可以通过更低的成本获得预期价值。用户不断地输出自身的价值，其实也是不断试错寻找最优解的过程。假设制作精良的搞笑视频和简单混剪的鬼畜内容相比，后者在平台上能收获更高的流量、更多的互动和粉丝，那么一段时间以后，创作者会相应做出调整，改变视频风格，寻求更高的性价比。

3）演进的"剪刀"

在一个多样性的自生长系统中，产品需要一种牵引力让自己朝着既定方向演进，否则很容易失控。我们可以把产品愿景作为引导方向，告诉用户什么是被鼓励的、什么是不被鼓励的。

（1）产品规则相当于我们和用户共同设立的边界。如果新生事物的内容或行为跨越了这条边界，可能对我们既定的方向产生影响，我们应该果断进行处理并透明公示化，让更多用户产生清晰的认知。

（2）**产品愿景**更像一座灯塔，用户理解、认同愿景以后，会主动和我们保持价值观共识。与产品规则推着用户走相比，产品愿景是一种能让用户主动跑起来的力量。在产品层面，我们把愿景目标贯穿于产品整个设计过程。在运营层面，我们让用户能消费到更多符合产品调性的内容，潜移默化地培养他们的认知。常用的方式有通过与 PGC（专业生产内容）合作生产头部内容、树立 UGC 用户标杆引导方向等。

本章小结 从工具到生态的产品功能思考框架

1. 基于操作性条件反射构思产品功能

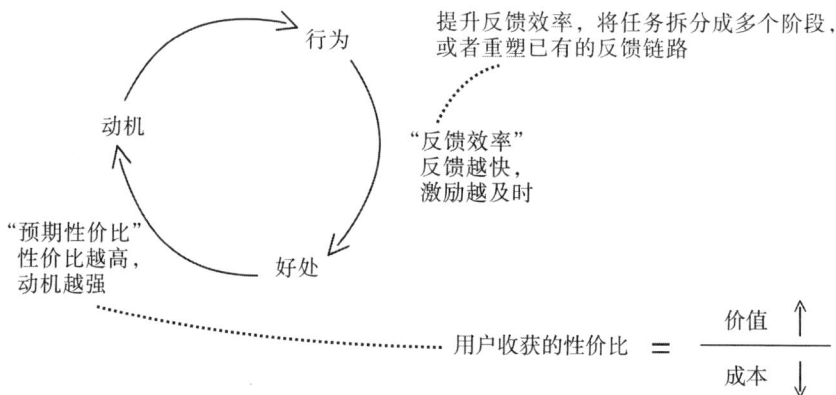

行为

提升反馈效率，将任务拆分成多个阶段，
或者重塑已有的反馈链路

动机

"反馈效率"
反馈越快，
激励越及时

"预期性价比"
性价比越高，
动机越强

好处

$$用户收获的性价比 = \frac{价值 \uparrow}{成本 \downarrow}$$

2. 基于用户情感构思产品功能

（下面以K歌应用为例，构思产品功能）

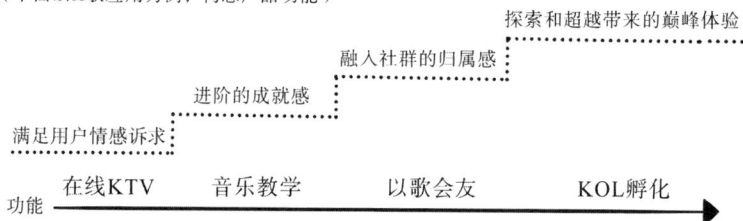

探索和超越带来的巅峰体验

融入社群的归属感

进阶的成就感

满足用户情感诉求

功能　在线KTV　　音乐教学　　以歌会友　　KOL孵化

3. 基于系统视角构思产品功能

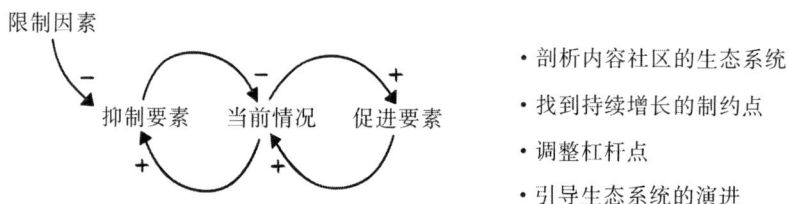

限制因素

抑制要素　当前情况　促进要素

· 剖析内容社区的生态系统

· 找到持续增长的制约点

· 调整杠杆点

· 引导生态系统的演进

第 **6** 章

精雕细琢

前面分享的产品功能是在不断地创造与用户接触的机会点，而设计则可以理解为一种沟通方式，在特定的场景下，用恰当的语序和富有情感的语言与用户进行交流。我们在日常沟通中会存在疑惑、情绪化、缺少个性等问题，这些问题也同时出现在产品的交互设计上，因此我们需要一套方法以快速识别产品中各个场景的麻烦点和机会点，并运用良好的表达方式让用户感受到被重视，在接触和互动过程中帮助用户提升解决问题的效率，激发其内心正面感受，然后让其进入心流状态。

接下来，我们就通过 4 个步骤来打磨产品，寻找与用户沟通的方式。

♩ 第一步，基于场景发现麻烦点、机会点。

♩ 第二步，用设计语言与用户沟通。

♩ 第三步，从用户情绪角度切入，打磨产品。

♩ 第四步，让用户进入心流状态。

6.1 基于场景发现麻烦点、机会点

用户使用产品的过程会比我们想象的复杂很多，如果只依靠直觉就容易遗漏待改进点，这时用户视角的产品地图就显得至关重要。我们沿着地图出发，发现麻烦点，同时预判用户的下一步行为，进而做出人性化承接。

1. 产品地图

我们在绘制这张产品地图时，可以把用户使用产品的整个过程描绘成一个故事，在这个故事中采用"用户视角"，而非"产品视角"，也就是说故事的主角是"用户"而非"产品"。然后，我们将故事拆解成多个场景，每个场景都是用户在特定的时间、空间，基于某种诉求做什么事情。

我们以旅游 App 为例子进行分析，它可以是这样一个故事。

一直很想去地中海沿岸的国家，那里气候宜人、阳光明媚，加尔达湖松软的海滩、漫步的海鸥都非常令人向往。公司年假终于申请通过，一共 5 天，我希望和家人出国旅行。打开旅游 App 寻找目的地，面对空白输入框，心想应该去哪儿呢？于是，"我"进入攻略频道，开始研究，最后锁定意大利。接下来就是预订机票、酒店，每家酒店都说自己很棒，在陌生事物中做选择是最让人头疼的事情。其实，"我"的要求挺简单，安全、离景点近、价格合理即可；信用卡付款后，等待商家出票和酒店确认，晚上回家以后发现全部都搞定了。28 日抵达意大利，"我"为这次难得的旅行提前在手机上做足了功课，景点有圣母百花大教堂、威尼斯的水巷和色彩岛；美食方面，品味一下正宗的意大利面、比萨、海陆双拼、红酒，同时也可以挑选一些国外特色小吃带给朋友、同事。

我们可以把"出国旅行故事"粗略拆分为 5 个场景：寻找心怡景点、挑选机票和酒店、支付预订、景区游玩、享受美食，如图 6-1 所示。

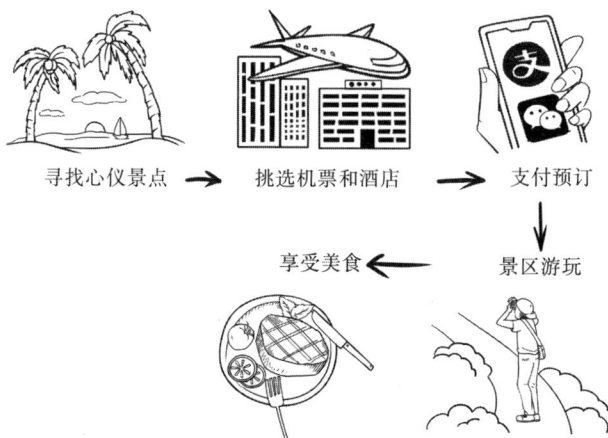

图 6-1　出国旅行的场景拆分

拆分完场景以后，我们相当于拿到了一幅基于用户视角的产品地图。我们需要根据产品地图，找出目前的麻烦点，并且预期用户下一步的行为，提供更为贴心的服务。

2. 找到麻烦点

麻烦点是用户在场景中明确遇到的问题，而产品也没能很好地解决问题。我们需要同时通过 3 种方式来寻找这些麻烦点：变成普通用户、客观数据驱动、获取用户反馈，如图 6-2 所示。

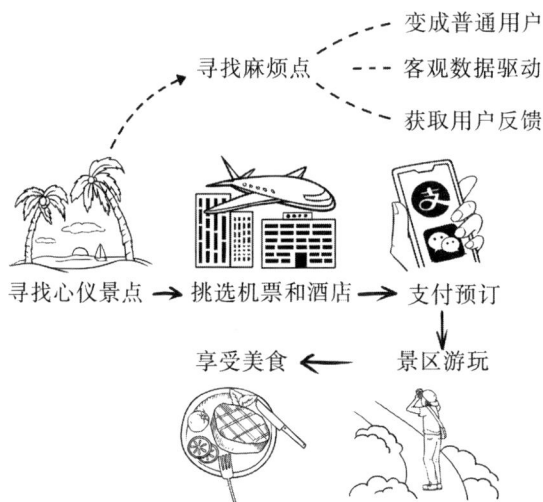

图 6-2　寻找麻烦点的方式

你可能好奇为什么需要同时使用 3 种方式，只使用一种会怎样呢？因为每种方式都有优缺点，将其进行组合可以互补、获得置信度高的结论。比如，变成普通用户，准确度取决于自身对角色的带入程度，并且当前角色需要在产品中具有代表性；客观数据驱动，在有些刚需流程上并不能很好的体现，如春节购买机票，线上体验不好也不妨碍最终的成单数据；获取用户反馈，数量上不会特别多，因为对于很小的体验问题，用户往往会选择容忍。

在实际过程中，我们将单个场景作为寻找麻烦点的线索，逐一采用上述的 3 种方式对问题进行梳理，然后根据自身产品经验和投入产出比设定待改进点的优先级。

1）变成普通用户

我们通过这种方式可以获得最直接的使用感受，在变成用户前，我们需要深度了解用户的共性和身份特征，这样有利于抛开自我固有的想法，从扮演的用户角色的角度去思考和使用产品。

（1）用户共性是指用户在使用产品时普遍表现出的行为、态度，一般有以下 3 点。第一，不希望投入过多的精力，从外在表象上看，用户连一个随手就能解决的问题都处理不了，其实并不是用户笨，而是在这个充满竞争的需求市场中，用户不需要投入过多的精力，如果产品不好用就可以选择其他产品。第二，没有太多时间，用户在不同场景中会使用不同的应用软件，因此这些单个场景被分配的时间并不长。比如，用户获取资讯一般不是仔细阅读，而是跳跃浏览。第三，不是专家，用户没有成体系化的专业知识，只能通过产品交互进行理解和适度推敲，不要把每个用户都想象成专家。

（2）身份特征，用户在年龄、性别、职业、文化程度等特征上的不同会直接导致内心偏好、产品操作熟练度的不同。因此，我们需要了解产品所服务的核心人群的生活，比如上下班时间、工作情况、在哪些场景会使用其他应用软件、回家后的生活方式等，了解这些以后我们会更有代入感。正如演员在开机前需要透彻理解人物的成长历程，只有这样在面对镜头时才能有合理而精彩的表现。

掌握了用户的共性和身份特征，我们就要从产品经理变为普通用户了，参照已经拆分的场景依次进行深度体验。此时，我们会发现很多麻烦点，应快速地把它们记录下来，如图 6-3 所示。

寻找心怡景点	挑选机票和酒店	支付预订
景点太多，不知道是否符合自己兴趣	想找到性价比高的机票	
花费大量时间挑选	对航班飞行时间的要求	
在时间有限的情况下，去哪些景点比较合适	哪些酒店离景点近	
小孩、老人去哪里比较合适	哪些酒店服务好、干净	
……	……	

图 6-3　采用变成普通用户的方式发现的麻烦点

2）客观数据驱动

这是一种客观评估产品调整效果的方式，比如一个按钮交互样式的优化或产品做了架构调整，用户对此看法很有可能不一致，有些用户反馈产品不好用了，而有些用户则觉得调整以后更加符合逻辑，此时我们需要通过数据进行详尽的验证。

我们通常采用的手段是将各个场景用衰减漏斗方式来进行统计分析，把进入、操作、跳失等关键行为进行详细梳理，计算出单个场景转化情况（见图6-4）。如果明显低于行业平均水平，那么我们可以考虑打磨该链路的漏斗。

寻找心怡景点		挑选机票和酒店		支付预订
进入攻略模块	100%	进入机票/酒店页面	100%	
Feed中选择内容进一步浏览	23%	行程填写	72%	
收藏保留或分享给同伴	1.5%	完成机票/酒店预定	61%	
		查看详情	55%	
		填写信息并提交	20%	

图 6-4　采用客观数据驱动的方式发现的麻烦点

3）获取用户反馈

用户能够给出产品体验的直观感受，如果某一问题存在大量的反馈，就需要我们足够重视，因为这些点可能超过了用户的容忍线。同时，我们应避免产生仅依靠数据而做出决策的情况，即避免在刚需或供小于求的情况下数据呈现正向，但产品体验却很糟糕的情况。

我们需要主动获取用户反馈，在对产品进行改造以前或改造以后，通常会和用户服务组保持沟通，具体包含两个方面。第一，前期调研，我们进行简单的问卷调查或举行线下沟通会，把单个场景用一个个生动的片段描绘出来，询问用户在不同场景中是否存在困惑等。第二，后期的使用反馈，我们可以设计一个轻便的收集反馈的功能，保持与用户之间的连接，比如知乎"摇一摇"自动截屏上报，用户耗费极低的成本就能对体验感受快速进行反馈（见图 6-5）。

模块	反馈数	问题简述	用户描述事例
攻略	12	阅读体验	官方整理的攻略很赞，但内容太长没有目录，查找起来费劲。—— 地铁小乐
	63	内容不准确	有些景点早就扩建了，攻略还是旧的。—— Lee
机票	3	出票太慢	付款一周，没有出票，不知道该怎么办。—— 北木
酒店	11	模块不清晰	想知道什么是预授权，和支付有什么区别。—— 格格
支付	23	支付失败	支付提示 62301 错误，真糟心。—— Rocky
	12	重复支付	支付半天没响应，重新支付了，多扣一笔钱。——白果
……	……	……	……

图 6-5　采用获取用户反馈的方式发现的麻烦点

需要注意的是，虽然我们应该重视反馈，但也要有自己的判断。如果产品改版服务于长远战略规划，从全局层面综合评估投入产出是正向的，有利于整体产品的演进，但对短期的用户习惯构成了一些挑战，那么我们可以承担一定的压力去坚持当前选择的方向。

我们采用上述 3 种方式发现了一系列麻烦点，接下来就要结合自己的产品经验，判断这些麻烦点的价值，分别设定不同的等级，最终汇总麻烦点用来进行产品迭代，如图 6-6 所示。

变成普通用户 　　客观数据驱动 　　获取用户反馈

模块	功能描述	等级	投入	产出
支付	支付渠道不稳定，自动切换成备用渠道	S	中	每天的支付成功率提升X%
攻略	增加公共编辑功能，让更多用户参与进来	S	大	攻略模块整体留存率提升X%
	提供标签用于标识景点是否适合小孩、老人游玩	A	小	提升攻略模块下单率X%
	提升分享、收藏的交互体验，融入更有趣的玩法	A	中	提升分享率X%，提升收藏率Y%
……	……	……	……	……

图 6-6　汇总麻烦点用来进行产品迭代

3. 满足预期意图

找到麻烦点以后，我们需要尽快迭代完善。接下来，我们要在用户故事以外去揣测他们接下来的行为，帮助用户解决问题，带来暖心体验，这也是对产品业务价值不断拓展、挖掘新价值点的过程。

1）预期意图

我们主动预判是为了帮助用户更好地完成后续操作，切勿因为导流而对用户造成困扰。在功能设计过程中，我们要遵循 2 个原则：行为意图延续性和自然融合。

（1）行为意图的延续性，我们基于当前场景，揣测用户接下来的行为，思考此时做些什么可以帮助他。我们基于"出国旅行"的例子，寻找它的衍生价值点，在预订机票和酒店以后，用户并没有完成所有的准备事项，出国还需要办理签证、护照等，一系列的问题会接踵而来。此时，我们可以考虑把"出行准备"纳入产品环节，帮助用户完成接下来的操作，如图 6-7 所示。

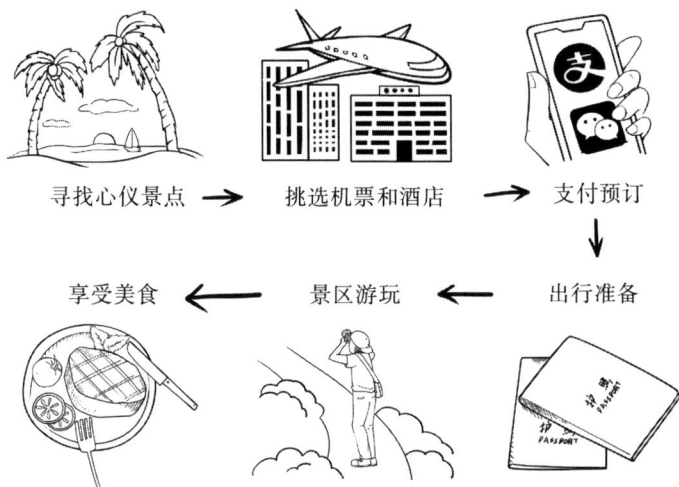

图 6-7 把"出行准备"纳入产品环节

（2）自然融合，场景间的过渡应该更自然，最好在当前页完成，跳转就意味着流失。在实验论证阶段，我们可以采用简单增加跳转链接的形式，但长期方案应该在当下场景即刻满足用户诉求，不至于让用户陷入"迷宫"。比如，将航空意外险、行李找回服务、退票险在订单详情页都放置复选框是一个相关度很高的融合方案，不仅给予服务高曝光，同时使用户当前的行为不被打断。

然而，在实际工作中，产品经理可能迫于 KPI（关键绩效指标）压力，采用粗暴的方式在主流量场景去做无关的衍生拓展，这样做虽然在短期内对新功能数据快速提升有明显效果，但长期来看对整个产品的生态会造成损害。我们应该站在更高的角度来确定方案，而不能只局限于自己的一亩三分地。除了产品经理需要自我提升，公司的文化和目标机制也有一些需要完善的地方。

2）衍生场景的评估

我们为用户接下来的行为搭建好衍生场景以后，紧接着就是评估效果。除了分析衍生场景带来的投入产出数据，我们会额外使用两个指标——意愿度和完成度来判断衍生场景是否真正满足用户接下来的行为。

（1）**意愿度**，即用户点击次数/入口曝光次数，代表用户对该衍生场景的操作意愿。需要注意的是，我们要排除用户的首次操作，因为用户可能是好奇新功能才进行点击的，并不代表真正有使用的需求。当用户对新功能的意愿度明显低于相似位置的其他功能的意愿度时，我们需要果断将其停掉，一方面为了避免打扰用户，另一方面为了给公司节省流量资源，把位置提供给更合适的业务使用。

（2）**完成度**，即用户使用并完成服务次数/进入衍生场景次数，用于衡量衍生场景的方案是否足够高效。当完成度偏低时，我们需要着力升级链路功能，可以采用寻找麻烦点的方式进行迭代。

6.2 用设计语言与用户沟通

我们需要用更适合的语言与用户进行沟通，从而提升解决问题的效率。对产品来说，常见的影响效率的因素包括困惑、复杂、容易犯错，我们可以根据以下原则来提升产品体验。

1．明确性

在产品设计过程中，我们可以结合人类的认知，采用心理模型、推导、提示的形式明确传递当前功能的使用方式，减少用户在摸索过程耗费的时间和精力。

1）心理模型

我们在成长过程中形成的心理认知后续可以复用于生活的其他方面，比如我们小时候学习了交通信号灯，因此过马路时红灯亮了我们会停下来等候，而绿灯亮了我们就会通行。我们在设计产品时可以复用这类模式，用户很快就能明白含义，比如在设置模块中，我们使用红色文字描述不可逆的功能，用户一般会警惕并慎重做出选择。

2）推导

用户只要经过简单的逻辑思考就可以得出结论，我们要切记这个过程最好是简单的"是与否"的判断，避免让用户花费过多成本去收集大量信息或依靠复杂逻辑得出结论。比如，我们根据 2 个并列放置的开关，可以轻松推导出其中存在的顺序对应关系，左边开关对应左侧灯、右边开关对应右侧灯。

3）提示

我们采用显性化的交互来引导用户顺利完成操作，如弹窗、ICON、文案等。值得注意的是，我们需要找准提示的时机，给予用户贴心的引导，在达到目的的同时减少对用户的打扰。比如，在用户订购外卖时，我们发现订单缺少主食，猜测用户有可能忘记选择了，因此在用户提交订单时可以给出温馨提示。

2．让复杂可控

虽然有些事物很复杂，如 Wi-Fi 网关、操作系统，但我们可以通过产品设计语言让用户更好地理解它们。

1）自动化

我们可以把高度标准化的通用操作流程交给程序来实现，不用理会内部的复杂逻辑。比如，我们每天起床以后要做的事情其实比较固定，那么为什么家居产品不设计成一个自动化的形式呢？比如，关掉闹钟以后，窗帘自动拉开，阳光照进卧室，客厅、卫生间灯光亮起，电视自动开始播放早间新闻等。

2）组织化

针对无法实现自动化的复杂功能，我们可以采用分类的组织形式让大脑更容易认知。比如，智能电视的遥控器会把不常用功能进行归类并转移到开机后的系统设置中，自身仅保留主要功能，如开机、声音、频道、Home 键。

3）人性化帮助

我们设计产品时为用户提供被动查询、主动询问两个层面的帮助。

（1）被动查询，用户通过搜索或高度组织化的目录获取精练易理解的知识点，比如在帮助中心我们可以通过视频带着用户完成复杂的操作。

（2）主动询问，产品在判定用户需要的辅助时，从被动接收变为主动提示。比如，iPad 的快捷键为"Command+字母"，在用户长按"Command"但没有输入其他字母时，指令提示窗口会及时出现。

3. 容错性

产品功能如果对用户来说是全新事物，或者在设计上与用户认知模型存在差异，都易使用户出错。因此，我们需要在设计产品时考虑容错性，在用户出错前、出错时、出错后，给予相应的协助，提升产品使用效率和用户体验。

1）出错前

我们可以提供直观的前置引导，好的引导可以让用户以最短的路径完成操作，从而降低试错成本。比如，我们到国外旅游需要填写护照信息，没有出国经验的用户非常容易填错，如果我们在平台上提供相应的案例，就会使订单转化率得到提升。

2）出错时

在上述填写护照信息的例子中，用户在填写的过程中可能由于某些原因产生错误，如果填写的内容并不是关键信息，那么我们可以给用户提供参考或自动补全。比如，在填写一个陌生的地名时，用户知道读音，但并不知道准确的写法，此时系统可以提供匹配的关键词，帮助用户快速完成填写。

3）出错后

如果用户在操作完成以后出现了错误，我们就需要明确提示他们"问题出在哪儿，接下来该如何处理"。假设航班信息填写错误，用户通常会收到购票平台的反馈"建议及时与航空公司联系"，此时用户原本焦虑的内心又增添了一丝烦躁。我们不妨在产品设计上增加订单对应的航空公司、联系电话、问题对应的常规处理结果等，让用户后续的操作流程变得顺畅。

6.3　从用户情绪角度切入，打磨产品

用户在使用产品功能时，内心会产生一些微妙的感受，这就是情绪。好的交互设计能让用户保持积极正面的情绪，而糟糕的交互体验会激起人的负面情绪，甚至让用户放弃使用产品。笔者在本节将和大家分享一下如何通过交互设计管理用户情绪。

1）情绪的分类

情绪是以主体的需要、愿望等倾向为中介的一种心理现象。如果事物符合主体的需要和愿望，就会使主体产生积极的、肯定的情绪；反之，就会使主体产生消极的、否定的情绪[1]。罗伯特·普洛特契克指出，人有 8 种基本情绪，它们分别是生气、

---

① 施塔、卡拉特：《情绪心理学》，中国轻工业出版社 2015 年版。

厌恶、恐惧、悲伤、期待、快乐、惊讶、信任，其他情绪是由它们组合派生出来的。1980 年，罗伯特·普洛特契克将情绪理论用情绪轮盘进行了更清晰的展示，如图 6-8 所示。

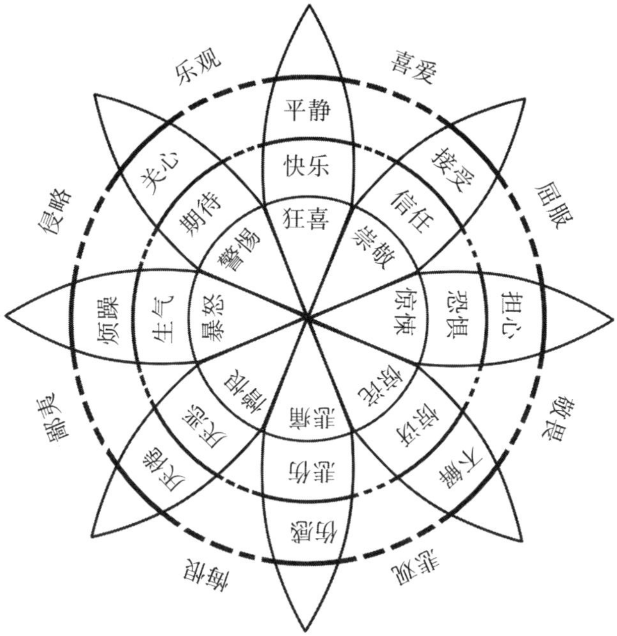

图 6-8　情绪轮盘

2）场景触发的情绪

我们通过"拆分场景"和"变成普通用户"的方式，在每个场景中体验产品并记录自己的情绪，可以参考情绪轮盘中的情绪类型。如果时间、资源条件允许，就可以让用户也参与进来，获得更丰富的样本，提高准确性。比如，在"出国旅行"的例子中，用户使用旅游 App 满足一系列的自由行需求，在这个过程会不断产生正面、负面情绪，如图 6-9 所示。

（期待）分享照片，希望能收获赞美和评论，满足小小的虚荣心

（快乐）体验风土人情，感受不同习俗

（快乐）看更大的世界，心里不免激动

（烦躁）如何更好地描述自己的出行、哪些景点的照片更具代表性

（不解）最有特色的餐馆在哪里、价格如何、是否需要给小费

（不解）最佳游玩路线是什么、选用什么交通工具

晒照分享　←　**享受美食**　←　**景区游玩**

寻找心仪景点　→　**挑选机票和酒店**　→　**支付预订**　→　**出行准备**

（快乐）从久违的工作中解放出来，心情舒畅愉快

（期待）不断脑补，在酒店、飞机上美好轻松的情景

（接受）在自己预算范围内，平静地付款

（期待）畅想在酒店眺望无垠的大海

（不解）5天假期，家里有小孩、老人，选择哪些景点比较合适

（烦躁）航班、酒店太多，不知道怎么选择

（生气）支付失败、长时间不出票、改签扣款

（担心）陌生环境、语言不通，充满不可控感

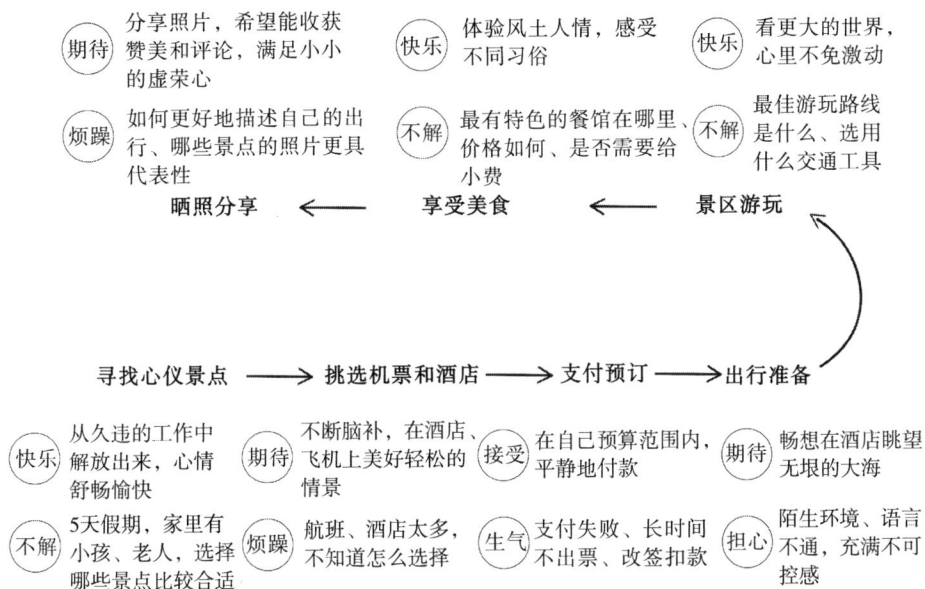

图 6-9　出国旅行过程中产生的情绪

3）连接用户情绪

我们已经了解了用户在不同场景中产生的不同情绪，接下来对这些情绪进行管理，使用户负面的情绪减少、正面的情绪增加。我们先来看一下美国心理学家艾利斯的 ABC 情绪理论，如图 6-10 所示，他认为客观的激发事件 A（Activating Event）是引发情绪和行为结果 C（Consequence）的间接原因，直接原因是个体对激发事件的信念 B（Belief），它会对事情进行认知和评价[①]。

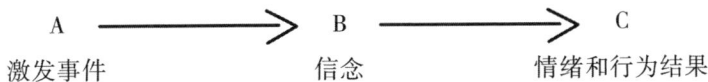

A　——→　B　——→　C

激发事件　　　　信念　　　　情绪和行为结果

图 6-10　ABC 情绪理论

[①] 丹尼斯·韦特利：《成功心理学》，顾肃、刘森林译，北京联合出版公司 2016 年版。

根据上述理论，我们可以通过改变"激发事件"和"信念"来调整用户情绪：一方面追溯激发情绪的源头，在产品上降低负面的激发事件发生的概率或提升正面的激发事件发生的概率；另一方面如果负面激发事件已发生，我们尽量给出更优的处理方案，使用户用积极的信念进行认知解读。

例子 1，在用户购买机票填写个人信息时，交互体验不好会让用户产生产品不够人性化的感觉，从而感到烦躁。证件号就是非常容易出错的地方，各个平台都针对这个问题做了很多机制，如正则表达式校验、证件号数字放大展示、每 6 位增加间隔等，希望减少负面激发事件和负面情绪，如图 6-11 所示。

图 6-11 减少负面激发事件发生的示例

例子 2，用户购买机票以后，会焦急等待出票，代理商处理特价票需要较长时间。如果平台不告知用户，那么用户的信念就会变成"收了钱就不办事了"，他们会很生气。在产品设计上，我们不妨主动告诉用户代理商预计多久处理完特价票、为什么时间长、有疑问联系谁，此时用户会产生新的信念"平台在帮我积极处理出票问题"，用户会接受等待（见图 6-12）。

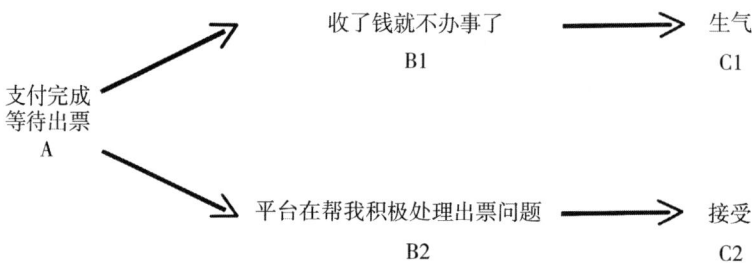

图 6-12 给出合理解释，让用户产生新的信念

例子 3，用户去陌生的城市旅行，大多数都是以浏览、拍照为主，很少能获取景点背后的趣闻和时代意义。我们可以提供 LBS（基于位置的服务）景点导游、景区游玩规划等服务，使用户产生"喜爱"的情绪（见图 6-13）。

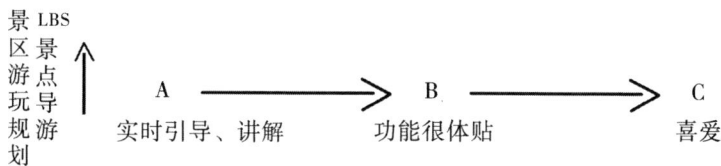

景
区　景
游　点　LBS
玩　导　A ——————→ B ——————→ C
规　游
划　　　实时引导、讲解　　　功能很体贴　　　　　　喜爱

图 6-13　打磨用户体验，使其产生正面情绪

6.4　让用户进入心流状态

我们通过打磨产品，可以让用户在接触产品和互动过程中感受到解决问题的高效性和体验的舒适性。接下来，我们让用户全身心地投入，保持一种平静和快乐的状态。

笔者先给大家分享一个故事，周末"我"和朋友去电影院看恐怖片，准备了一大桶爆米花，足够两个人吃 1 小时的。我们在放映前 5 分钟入场，找到位置坐好以后，聊了聊电影的口碑。电影院的灯光慢慢暗了下来，所有人的注意力都被巨幕上超清的画面牢牢抓住。不久，恐怖片渐入高潮，主角被一个白衣"鬼魅"穷追不舍，逼入死胡同，此时已无处可逃……电影院内传来阵阵尖叫声，主角被及时出现的队友解救以后，所有人的情绪都有所缓和，此时"我"把爆米花递给朋友……

例子中的观影体验就是心流体验（见图 6-14），心理学家米哈里·契克森米哈赖指出："心流为我们在做某些事情时，那是一种全神贯注、投入忘我的状态。在那种状态下，你甚至感觉不到时间的存在，在事情完成之后，我们会有一种充满能量且非常满足的感受。其实，很多时候我们在做自己非常喜欢、富有挑战且擅长的事情时，很容易体验到心流，如爬山、游泳、打球、玩游戏、阅读、演奏乐器及工作的时候。"[1]

图 6-14　电影院的心流体验

那么，达到心流状态需要哪些条件呢？米哈里·契克森米哈赖提出了 7 个条件，它们分别是具有挑战性的活动、知行合一、明确目标与即时回馈、全神贯注、掌控自如、浑然忘我、时间感异常。

基于上述心流理论，我们在产品设计中需要降低用户的认知成本，让用户能够轻松达成"实现目标""即时反馈""能力和挑战匹配"的目的。用户会在使用 App 的整个过程中专注于当下场景，探索自己感兴趣的事物和内容，忘却现实生活，感受到舒适和愉悦。

接下来，笔者介绍在产品设计层面降低用户的认知成本的 3 个步骤。

---

① 哈里·契克森米哈赖：《心流》，张定绮译，中信出版社 2017 年版。

1）打造沉浸式

要实现"忘却身处世界，进入新场景"这样一种状态，我们可以从"简单""纯粹的享受""别来打断我"着手进行设计。

（1）简单，如果能用一个操作来实现，就绝不用两个。比如，没有上过学的小孩都知道怎么使用 iPad，因为它的操作方式就是"点"；抖音基本上没有任何学习成本，就连刚会用智能手机的父母都能使用，因为它的操作方式就是"滑"。

（2）纯粹的享受，用户只需要尽情愉悦地享受，烦琐的问题由产品来解决。比如，用户在看一个热点事件，浏览完当前内容以后还意犹未尽，可是相关联的文章都需要再去搜索。好的设计应该提供事件的时间线，在阅读完以后用户可以快速跳转到感兴趣的内容，整个过程用户不需要任何思考，仅仅享受内容本身带来的感受即可。

（3）别来打断我，在产品设计过程中，我们尽可能不去打扰用户，比如每个 App 都有推荐信息流，在信息流中设计不同样式的卡片通常会导致卡片整体的曝光下降，异形卡片自身也并没有较高的点击转化，因为它就像高速公路上的减速带。

2）模拟微场景

产品的每个功能都在解决不同场景下的用户问题，**如果我们在设计层面将真实情景刻画到 App 中，并且结合故事，就能让用户以设定的角色快速进入心流状态。**

（1）**身临其境**，我们开始在产品中模拟现实场景，降低用户的认知和理解成本，并且让用户立刻能够和自身联系起来。比如，用户在雾霾天打开天气 App，可以看到一个卡通形象在雾霾里戴着口罩，身后已是看不清楚的大楼，旁边还放着一台空气净化器。用户也许会不知不觉地关闭窗门，启动空气净化器。此外，航班动态、外卖配送、电影选座等都可以采用这类设计。

（2）**故事**，我们刻画一个逼真的场景，在此基础上构建一个故事。一个故事的基本构成要素包括时间、地点、人物、事件、结果，比如"手游"通常会在用户进入游戏的第一时间就告诉用户是什么角色。例如，某个大陆上出现了一群妖怪，从此生灵涂炭。恰好你出生在这个大陆上的一个普通的小山村，从小和师妹在父亲的指导下习武。有一天你砍完柴回到家中，发现小师妹被妖怪掳走了，从此你踏上了英雄成长之路。我们回到产品主题，好的故事能让用户愿意去扮演其中的角色，并且自动开始探索，沉浸其中。

不是所有的 App 都需要这么丰富的故事，可能就是一个简单场景的应用，比如我们下班后犒劳自己，不去挤地铁，用滴滴打个豪华车安全回家。**产品虽然不需要附带背景和情节，但需要表达清楚这个故事所有的关键信息。**比如，一个恰到好处的比喻"头等舱体验"，配上服务描述"选车型/司务员/定制偏好"，交互界面使用低调奢华的专属色，用户立刻就能明白自己的角色是贵宾，和普通用户相比可以享受额外的服务，然后开始惬意的乘车之旅。

3）寻找共鸣

寻找共鸣建立在沉浸式和微场景之上，用户从感官体验提升至认知层面的认同，**通常是用户突然看到或体验了一类事物，然后引发自身的思考并对其表示认可。**比如，微信"摇一摇"，人们面对这种未知事物会拿起来晃一晃，看看它的反应。这个交互设计匹配了人类与生俱来的本能，很多用户在第一次使用时都不由得一笑，感受到它背后的理念并产生共鸣。

我们需要基于这类共鸣点去构思产品设计，那么所要寻找的这类共鸣点应当满足什么条件呢？

（1）人群共性。我们需要了解 App 内用户人群的画像交集，即他们都有什么相似的兴趣、经历、特质等。我们要站在用户的共有视角，用同理心去感受，观察其内心是否有所触动。

（2）**认知层面**。我们在看到一个深受启发的内容时，会跟作者在观点上保持一致，认同他的想法。这和共情是不同的，比如你阅读了一个让人潸然泪下的故事，心中充满了同情，这是情感体验，但并没有对事物表示认同。

（3）**隐藏内心**。我们在日常生活中可能都有过模糊的感受，这类情绪在心中滋生，如果有人说出来，我们就会惊讶"这就是我内心的想法"。如果这种感受已经是自己非常清晰的认知，就少了一点情感刺激，难以在认知层面引发思考。

针对情感、意识等与内心感受相关的内容，我们要注意 Dogfooding（公司内部体验），每个人的感受都可能因成长环境不同而有所差异。因此，我们可以让公司内部满足人群条件的工程师、运营等团队成员感受产品设计，看看是否能够产生共鸣。

本章小结 如何实现产品的精雕细琢

1．基于场景发现麻烦点、机会点

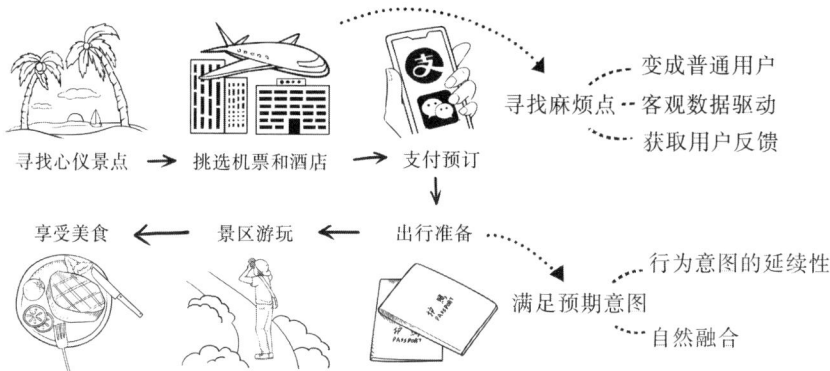

寻找心仪景点 → 挑选机票和酒店 → 支付预订

寻找麻烦点 ··· 客观数据驱动 → 变成普通用户

获取用户反馈

享受美食 ← 景区游玩 ← 出行准备

满足预期意图 ··· 行为意图的延续性

自然融合

2．用设计语言与用户沟通

（1）明确性：结合人类的认知，采用心理模型、推导、提示的形式明确传递当前功能的使用方式。

（2）让复杂可控：在产品设计上分别通过自动化、组织化、人性化帮助，让用户更好地理解复杂的事物。

（3）容错性：观察用户使用功能的整个过程，在出错前、出错时、出错后3个阶段打磨产品，避免用户出错。

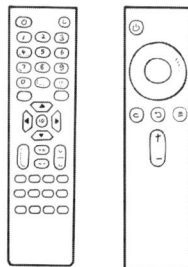

3．从用户情绪角度切入，打磨产品

（1）情绪有8种，它们分别是生气、厌恶、恐惧、悲伤、期待、快乐、惊讶、信任，其他情绪是由它们组合派生出来的。

（2）场景触发的情绪，我们通过"拆分场景"和"变成普通用户"的方式，在每个场景中体验产品并记录自己的情绪。

（3）连接用户情绪，我们根据用户在不同场景产生的不同情绪，通过改变"激发事件"和"信念"来调整用户情绪。

4．让用户进入心流状态

（1）打造沉浸式，忘却身处世界，进入新场景。我们在设计层面为用户提供极简操作，用户只需要尽情愉悦地享受，中途我们不要打断用户。

（2）模拟微场景，我们将真实情景刻画到App中，并且结合故事，让用户以设定的角色快速进入心流状态。

（3）寻找共鸣，它建立在沉浸式和微场景之上，用户从感官体验提升至认知层面的认同。

第 7 章

围绕核心目标的业务规划

笔者在第 5 章和第 6 章为大家分享了面向用户的产品设计思路，从构思功能到打磨细节，现在我们再向上走一层，站在指挥者的高度进行规划，让产品在既定方向上实现最优的投入产出比。执行层面的产品经理比较缺乏这类思考，平时他们把更多的精力耗费在局部功能设计上。缺少业务规划能力就像我们蒙住双眼穿越一片森林，虽然也能抵达终点，但路途的艰难可想而知。因此，我们不妨先在地图上标记出目的地，找到最优路线，然后多准备些干粮和装备，满怀信心地踏上旅程。

那么，我们应该如何进行产品业务规划呢？可以简单概括为**基于当前阶段和商业模式制定核心目标，然后有重点、按顺序实施，再根据实际效果动态修订目标和计划**，我们可以把这个过程分为 3 步逐一完成。

♪ 第一步，确定核心目标，拆解到项目。

♪ 第二步，规划产品优先级。

♪ 第三步，以动态视角调整业务规划。

7.1　确定核心目标，拆解到项目

很多产品经理都被直接分配了季度或年度的 OKR（目标和关键成果），对产品目标的制定和拆解参与非常少。第一步是最重要的，如果产品经理基于错误的方向去规划产品就会在错误的道路上越走越远。产品经理需要参与到制定目标的过程中，这样不仅可以对目标进行修订，还能在内部形成共识。

1. 确定核心目标

我们在进行整体规划时首先要确定一个方向，即业务核心目标。业务核心目标会指导我们构建产品，对后续规划项目优先级也可以起到衡量排序的作用。

阿利斯泰尔和本杰明曾在《精益数据分析》中提出"得知自己的商业模式和创业阶段以后，即可跟踪并优化当前的创业第一指标"。[①]我们在规划产品的过程中也会使用该思路，企业不同阶段的任务一直在被调整，然后通过自身商业模式投射形成了落地的核心业务目标。

1）不同阶段的任务

从怀揣愿景想打造某款产品的那一刻开始，我们便进入了"验证需求→打磨产品→让产品快速成长→探索价值变现→产品深耕细作"这个过程，不断接受各种挑战并采取积极的方式来应对。我们可以把产品衰退前的周期拆分为 5 个阶段，分别讨论它们的侧重点。

（1）验证阶段。我们的核心任务是寻找用户亟待解决的问题，然后提供有效的解决方案。我们在初期通过与用户沟通来了解是否存在问题、困扰程度如何、是否愿意使用或支付一定的费用，最终落地成 MVP（最小化可行产品），观察用户的行为，检验需求的真伪。

（2）萌芽阶段。方向通过验证以后，我们把焦点放在产品的打磨上，观察用户使用产品的过程并分析客观的数据，建立以留存率为监控指标的迭代循环。

（3）成长阶段。我们面对市场机会窗口、同行竞争，探索有效的产品传播机制，投入充足的资源，实现快速扩张，抢占更大份额。与此同时，我们还要迭代产品功能，增加使用场景，以核心用户为基础向外进行拓展。

（4）变现阶段。我们在前期不断为用户创造价值，现在开始将价值逐渐变现。在

---

① 阿利斯泰尔·克罗尔、本杰明·尤科维奇：《精益数据分析》，韩知白、王鹤达译，人民邮电出版社 2014 年版。

这个过程中，我们需要找到体验与收入的平衡点，探索高效变现的商业玩法，使产品的价值得以体现。

（5）**成熟阶段**。我们占领了稳定、可观的市场份额以后，一方面追求极致体验，确保产品能够牢牢抓住用户，并且持续提升产品的变现能力，获得丰厚利润；另一方面我们开始探索下一周期的新物种，以主动试错的方式应对不确定性。

2）通过商业模式制定业务核心目标

产品在不同阶段拥有不同的核心任务，具体落地到商业模式上仍有差异，我们需要进一步根据自身产品的业务特性进行分析，最终确定业务核心目标（见图 7-1）。举个例子，假设我们当前的业务为内容社区，成长阶段的任务是让产品快速扩张，抢占更大份额。商业模式基于有价值的内容提供用户消费决策，同时采用商业广告变现。我们可以考虑将该阶段的业务核心目标设定为 DAU（每日活跃用户），更多的创作、消费人群能够使整个基础生态的价值有所增加，DAU 能较好地衡量业务扩张的速度。

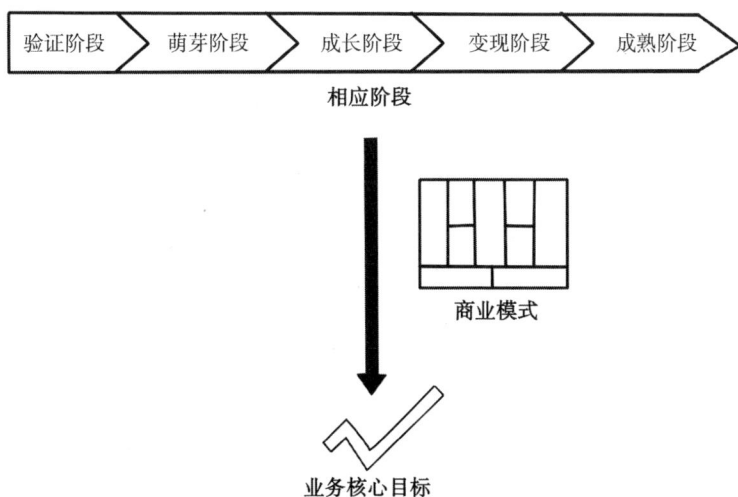

图 7-1　通过商业模式制定业务核心目标

2. 拆解目标

我们确定了核心业务目标以后，开始逐步拆解出各业务部门的目标和关键结果，再用递归方式在业务部门内部继续拆解到团队，最终指向每个团队成员。我们完成上述过程需要一种管理方式和拆解策略，下面笔者将其分享给大家。

1）目标管理

我们为了更好地明确目标，通常会采用 OKR 管理法，如图 7-2 所示。目标（Objective）是团队准备开展项目的方向，即我们应该走哪条路；关键结果（Key Result）是针对前面设定的目标用量化的方式进行结果描述。比如，我们的业务核心目标是提升整站 DAU，这是我们的目标，具体用于量化结果的关键结果可以是老用户 DAU、新用户 DAU 的数值等。

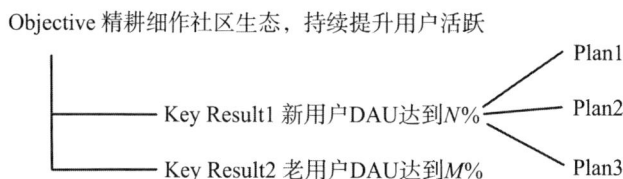

Objective 精耕细作社区生态，持续提升用户活跃

Key Result1 新用户DAU达到$N\%$ — Plan1 Plan2

Key Result2 老用户DAU达到$M\%$ — Plan3

图 7-2　OKR 管理法

2）自上而下地拆解目标

在实际的制定过程中，子业务单元会拿到上一层的关键结果，并把它作为自身的目标继续制定相应的关键结果，整个操作层层嵌套（见图 7-3）。另外，我们需要有意识地让团队所有的成员都参与进来，被动接受的项目会让成员缺少主人翁意识。如果团队成员在领导的协助下，找到目标并制定关键结果，就能感受到一份责任感。

3）论证合理性

找到目标和关键结果以后，我们不要直接去执行，而要先进行分析和论证，确保按照当前计划实施以后可以顺利完成核心业务目标。

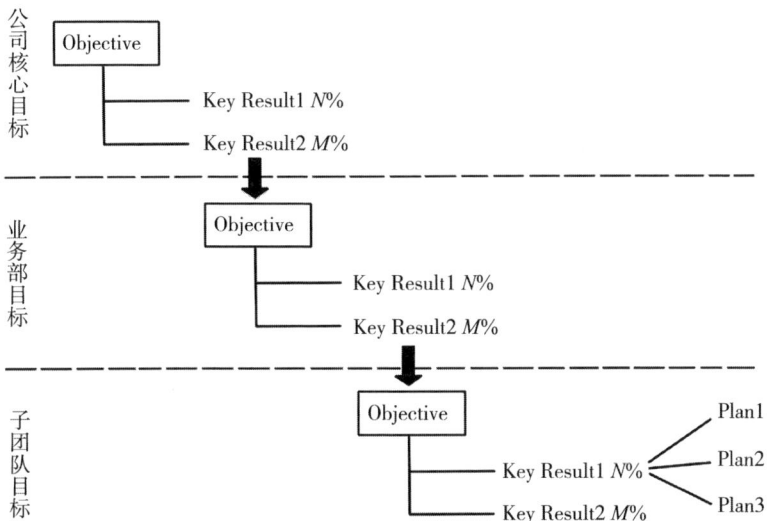

图 7-3　自上而下地拆解目标

论证方式如图 7-4 所示，我们会从关键结果反推，看在全部实现的前提下，目标是否必然达到，这样可以保证逻辑上达到自洽。在实际执行过程中，我们会采用团队成员相互校正的形式，成员逐一对自己制定的目标、关键结果进行描述，其他成员以第三方视角发现并提出问题，共同讨论。很多问题都是自己容易忽视的，交叉审视可以帮助团队成员更好地进行检验。

3．落地到项目

我们围绕上述拆解完的目标和关键结果，进一步规划项目。在这个过程中，我们容易忽略对每个项目收益的预估，导致项目规划无法达成目标。

1）量变和质变

在确定业务打法时，我们会准备量变类和质变类两种项目。量变类项目比较稳妥，基本上做了就能达到预估收益；质变类项目属于实验创新，成功率偏低但收益高。合理的类型分布可以保障业务目标较好地实现，通常情况下量变类的项目用于确保 OKR 完成 80%或更高，其余人力资源分配给质变类项目。

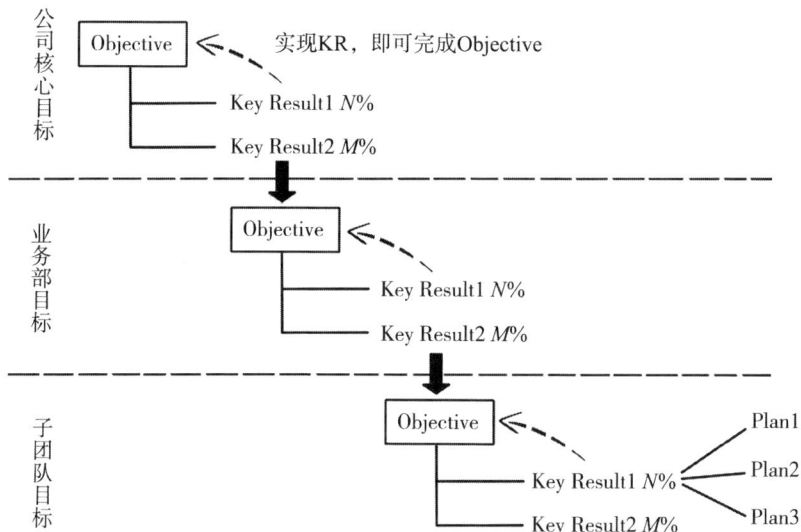

图 7-4　论证目标和关键结果的合理性

2）项目制定

每个关键结果最好都能对应唯一的责任人，由他主动思考并提出战术层面的项目，团队领导需要对其进行指导、协助。接下来，他们需要估算产出，虽然处于规划时期，项目只是一个思路描述，还没达到需求文档的完善度，但这些数据是能通过逻辑推演、类比以往项目获取的，投入产出比直接决定了排期优先级等。

3）复查计划

我们针对当前的关键结果制订了一系列项目计划，需要检查产出是否可以达到我们的预期关键结果值，如果达不到，这个计划就需要补充其他抓手。然而，实际上很少有人这么做，很多人都是在所剩时间不多的时候，发现产出无法达到预期值，才开始挽救或认命。如果我们一开始就检查了，就能争取更多的时间。

7.2 规划产品优先级

至此，我们已经找到了目标并进行了拆解，同时落实到了相应项目。现在，我们需要一套具体衡量优先级的方法，有序推进重要项目，我们可以结合项目性质和 ROI 对优先级进行判断。

1．根据项目性质，选择处理方式

项目性质类似于需求的背景，代表项目服务的方向，我们通常把它划分为 4 种类型，并选择不同的处理方式。

（1）**战略型项目**。项目服务于公司的全局作战，从长远的角度出发制定目标，数量不多，但工作量大且跨多部门。这类项目基本属于最高优先级。

（2）**突发事件**。即偶然性的重要紧急事件，工作量一般不大，如热点事件的专题项目。针对这类项目，我们通常是在抢时间，上线时间和价值成正比，越早完成项目，收获的价值就越大。因此，我们优先支持这类项目，可以考虑推掉优先级不高的项目。当然，我们最好具有一定的预判能力，在事件发酵前就能捕捉到，这样提供了一定的预留时间，防止中断开发中的项目，使团队士气受损。

（3）**业务增长类项目**。项目直接指向提升 OKR，我们需要规划成体系的打法，而不是简单收集团队成员散落的想法。比如，目标是提升创作量，我们在第一个阶段可以对核心创作链路进行升级、完善创作者激励体系；我们在第二个阶段可以在信息架构层面尝试对内容载体形态进行创新。与单独启动相比，后者建立在前者的基础上更能放大效益。另外，业务增长类项目通常占据团队大部分精力，如果项目在同一时期有排期冲突，那么我们可以使用 ROI 进行优先级评估。

（4）**基础建设类项目**。它们也许不直接指向当前的 OKR，但在产品的长期收益方面会带来整体的稳步提升，对目标起到间接支持的作用，如体验优化、技术升级等。基础建设类项目属于重要不紧急的项目，需要持续进行完善。在实际产品规划中，我们会把项目拆成很多小的优化点，在人力资源富余时见缝插针地进行，既不影响业务增长类项目的排期，又能长期获得收益。

2. 衡量项目优先级

在判断完项目性质以后，我们虽然大致能知道处理方式了，但还不能给出同类项目的优先级。此时，我们需要进一步获取项目 ROI 信息，再结合经验进行判断。

1）获取项目 ROI 信息

我们要了解项目的投入产出，涉及的内容有项目收益、指向的业务目标、人员成本。

（1）项目收益。在"确定核心目标，拆解到项目"阶段，我们已经预估过项目收益，当时是为了预计复查计划中的项目是否可以达到关键结果值。在衡量项目优先级时，我们仍然需要把项目收益作为重要的参考维度。某些产品经理会习惯性地对项目收益预估偏高，希望获得更多的开发资源，导致整体业务目标不能完成。为了避免发生这种情况，我们要针对上线的项目建立后评估机制，将预期目标和实际情况进行对比，如果耗费资源较大的项目未能达到目标，就需要线下复盘。这样的反馈机制能督促产品经理以更加严谨的态度给出项目收益。

（2）指向的业务目标。我们把项目收益和业务目标进行匹配，判断能否对应业务关键结果，避免往不相关的方向投入过多的精力。此外，关键结果之间也会存在重点和次重点之分。

（3）人员成本。在项目规划时期，研发人员并不能精准地预估实际工作量，这里可以采用一种粗略的评估形式，产品经理通过描述项目的大体思路，给出对应的档位即可，档位分为超大型、大型、中型、小型。在正常情况下，中型对应一个版本能够开发上线的项目；大型对应开发两个版本能够上线的项目；超大型比较少，在实际过程中我们也会合理地将其拆分为几期并陆续上线，以小步快跑的形式进行验证和投入成本。

我们最终可以获得项目的关键信息，如图 7-5 所示。基于这些信息，我们能够更加合理地对优先级进行判断。

项目	性质	收益价值	业务目标	人员成本
×××重构改版项目	战略型	提升老用户站内留存率，从N_1到N_2幅度为20%	团队目标1的关键结果1	大型
×××核心链路升级	业务增长型	订单转化率从D_1到D_2 功能渗透率达到C%	团队目标1的关键结果2	中型
……	……	……	……	……

图 7-5　项目的关键信息

2）判断项目优先级

在判断项目优先级时，我们不推荐代入一个简单公式加权得出，因为现实具有复杂性，我们需要根据项目性质和 ROI 信息，并且结合自身经验进行决策。

（1）优先级决策，我们通过分析项目性质、收益、业务目标、人员成本，能对大部分的项目进行合理的排序，而对部分项目仍然无法下定论。这时，我们可以继续捕获额外信息，如不同端工程资源是否平均占用、项目成功概率等。

（2）以更高的视角进行规划，虽然前面的规划方式强调以 OKR 为目标，但我们并不能只看到自身，而忽略团队。核心目标被拆解以后，团队成员要承担起各自的责任，负责产品规划的成员需要有一种认知，清晰地知道公司全局情况和自身团队与全局的关系。虽然子业务是团队当前的核心目标，但是全局胜利是更高层次的终极目标。这类视角会让我们在进行产品规划时，平衡 OKR 与自身团队在整个组织中的作用，在规划初期充分考虑跨部门的项目，根据团队定位发挥相应的作用。就像人的整个身体是一个完整的组织，每个器官都有不同的定位，承担着各自的任务，器官之间每时每刻都需要交互、协同完成工作，只有这样人体才能保持健康。在实际业务中，如果我们作为核心流量平台方，就会有众多兄弟业务找我们协助，比较好的方式是定期主动收集需求，同时共享未来的产品规划思路，寻求更多的结合点；如果我们作为需求提出方，就应该尽早预约其他业务聊聊自己的想法，建立协作的连接。

7.3 以动态视角调整业务规划

我们可能认为已经制定了完美周密的规划，然而过不了多久就会发现有些东西已经不合适了。因此，我们需要用动态的视角看待事物，不断调整业务规划。世界是符合热力学第二定律的，我们每时每刻都在熵增，从有序向无序发展，这是由概率决定的，有序的事情发生的可能性会很小。就像我们和朋友玩扑克牌，当新牌拿出来的时候，非常有序，在几次均匀地洗牌以后，几乎回不到最初的顺序了，除非我们借助外力干预（见图 7-6）。

图 7-6　无序比有序的概率更大

同样，在实际执行项目的过程中，没有人可以保证一定达到预期。因此，我们需要盯紧目标，采用灵活的策略动态地调整规划，使规划具有长期的价值，通常我们会采用以下几种方式。

（1）建立检查机制。这相当于我们设立了一个可靠的前哨，对异动可以提前知晓。如果不这样做，那么我们可能看着规划中的项目一项一项被处理而沾沾自喜，最终盘点时才发现没有完成目标，其实规划很早就失效了，我们根本无法指导团队完成目标。

我们通过两条曲线来实现轻量级的日常检查机制，如图 7-7 所示。一条是预期曲线，我们将计划的项目按照预期上线时间和效果来进行绘制；另一条是实际曲线，我们要使用平台上真实的数据，绘制当天的业务情况。曲线以周为单元进行取样，用于和预期情况进行对比，它们之间的差值起到了很好的预警作用。这种机制比双月或季度的总结复盘更加及时，能提前给出警示。

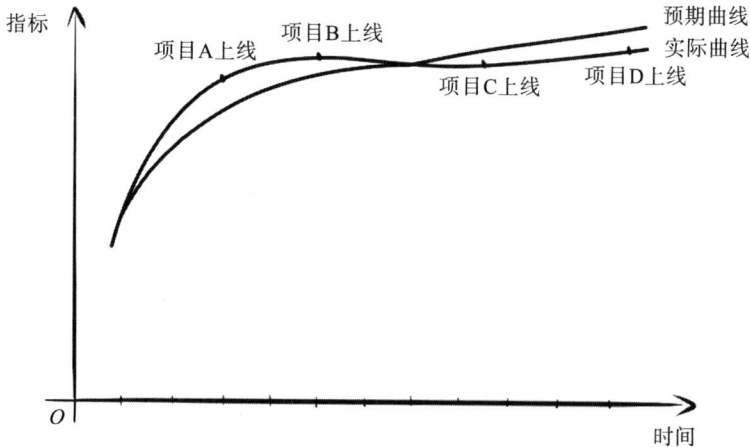

图 7-7　日常检查机制

（2）追本溯源。在上线了部分产品项目以后，我们发现实际数据远远低于预期值，检查机制给出了警示，这就意味着我们需要对目前的规划进行调整，否则会面临达不到预期的风险。

　　我们不能简单地通过增加额外项目来追平预期与实际的差值，而是要对未达成目标的项目进行深度复盘，寻找背后的原因。如果这个原因出现在产品机制的底层，那就免不了在未来项目中再次出现。比如，创作者招募计划最终的效果没有达到预期，我们不能直接增加几个活动拉回数据。我们在深入分析项目时，可能会发现站内传播存在严重问题，当务之急是着手迭代产品分发机制。

　　（3）达成共识。调整规划可能会使团队成员产生情绪，人们对未知的事物总是本能地感到恐惧，如果团队成员过度紧盯项目，而不关注目标和效果，那么在增加或暂停项目时容易产生抵触情绪。我们需要与团队成员达成共识，从积极的角度来看待变化，并且理解它的本质是促进最终目标的实现。**在实际过程中，我们可以把衡量产品优先级、动态调整的逻辑清晰化，让大家在遇到相同的问题时，也能拥有决策的能力。**

本章小结 如何规划产品业务

1. 确定核心目标，拆解到项目

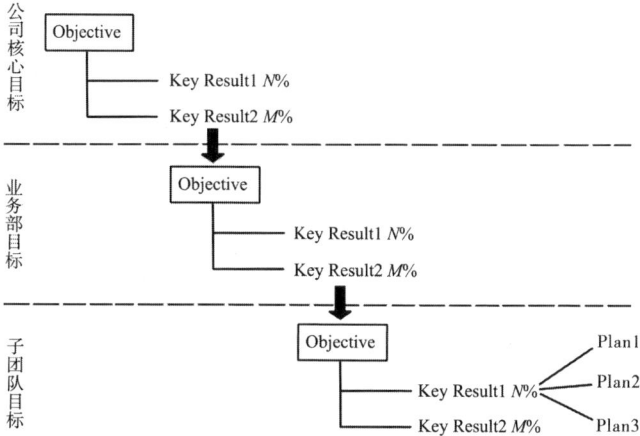

公司核心目标

Objective

　　Key Result1 *N*%

　　Key Result2 *M*%

业务部目标

Objective

　　Key Result1 *N*%

　　Key Result2 *M*%

子团队目标

Objective

　　Key Result1 *N*%　　Plan1

　　　　　　　　　　　Plan2

　　Key Result2 *M*%　　Plan3

2. 规划产品优先级

项目性质
（战略型项目、突发事件、
业务增长类项目、基础建设类项目）

+

获取项目 ROI 信息
（项目收益、指向的业务目标、
人员成本）

→ 优先级决策

通过分析项目性质、收益、业务目标、成本，
能对大部分的项目进行合理的排序。

以更高的视角进行规划，子业务是团队当前
的核心目标，而全局胜利是更高层次的终极
目标。

3. 以动态视角调整业务规划

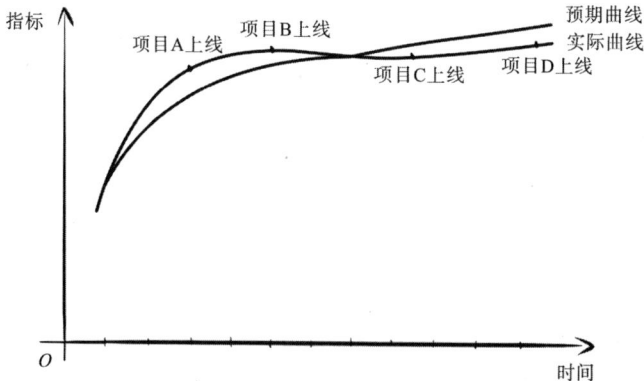

指标

项目A上线　项目B上线　　　预期曲线
　　　　　　　　　　　　　　实际曲线
　　　　　　项目C上线　项目D上线

O　　　　　　　　　　　　　时间

检查机制，将预期曲线和实际曲线进行对比，提前给出警示。

追本溯源，对未达成目标的项目进行深度复盘，寻找背后的原因。

达成共识，从积极的角度来看待变化，并且理解它的本质是促进最终目标的实现。

第 8 章

用户增长

我们通过上一章了解了在不同阶段如何规划业务，接下来我们开始讨论伴随产品整个生命周期需要我们持续投入精力去打的一个点——"用户增长"。如果大家仔细观察就会发现 DAU 曲线呈现出一个个圆滑的坡形，高速增长以后开始进入平台期，不久又恢复加速状态，周而复始。

实际上，我们在重复经历两个阶段，进入一个新方向的时候快速提升，只要我们在这个时期沿着已经验证过的方向持续投入精力就能取得不错的效果。一段时间以后，增长速度逐渐下降，此时我们只有付出更多的精力才能达到原有的效果。其实，每个垂直市场都有自己的天花板，我们需要不断巧妙地突破天花板，获得新空间让业务重回高速增长状态。

我们总结一下业务增长重复经历的两个阶段，如图 8-1 所示。

♪ 第一阶段，未触及业务天花板，保持高速增长。

♪ 第二阶段，突破天花板，获得新空间。

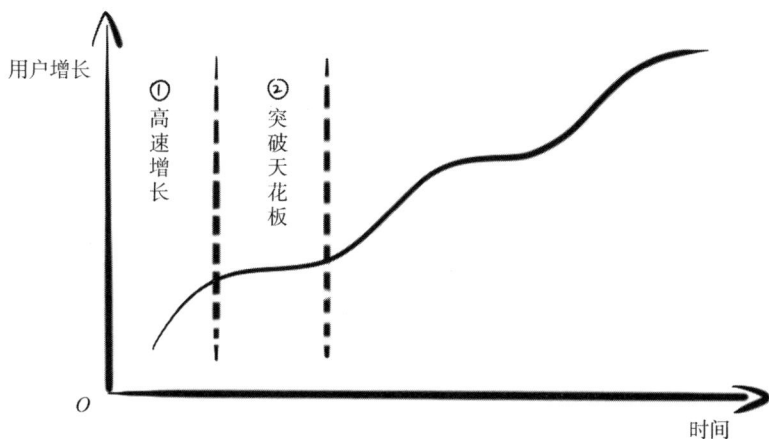

图 8-1　业务增长重复经历的两个阶段

8.1 未触及业务天花板，保持高速增长

8.1.1 寻找产品的增长点

DAU 和 WAU（周活跃用户）都是我们日常频繁使用的指标。DAU 可以直接反映短期层面的变化，如运营活动、渠道买量、新功能上线等；WAU 偏向于中期层面，降低了短期因素给予的拉动，体现了稳定的趋势面。

为了阐述产品打法，我们选择 WAU 的视角，从本质出发寻找产品的增长点。WAU 可以拆解为三部分：本周新增用户数、上周留存用户数、召回用户数，三者相加等于本周 WAU。

基于对 WAU 的拆解，我们在寻找实际增长点时，可以分别对这三部分制定相应的打法。通过提升渠道效率、建立裂变的产品形态去拉动新增用户；针对短期、中期、长期留存率制定相应打法，使整体留存率得到稳步提升；在产品和算法层面，打造多元化的吸引点召回用户（见图 8-2）。

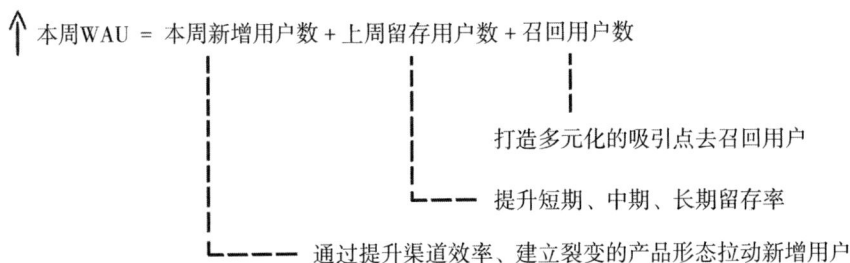

本周WAU = 本周新增用户数 + 上周留存用户数 + 召回用户数

打造多元化的吸引点去召回用户

提升短期、中期、长期留存率

通过提升渠道效率、建立裂变的产品形态拉动新增用户

图 8-2　基于对 WAU 的拆解制定相应的打法

1. 新用户增长

我们拉动新用户的增长，通常着力于流量渠道、裂变传播，前者提供持续的基础

流入量，让用户稳定增长；后者会在前者的基础上形成爆发性扩张，引起质的变化。

1）流量渠道

市场投放渠道非常多，玩法和价格也不尽相同，我们抛开这些表象，观察渠道投放的 ROI，需要满足一个条件，即用户在使用产品的整个生命周期带来的价值（**LTV**）应该大于或等于获取用户花费的成本。渠道 ROI 的计算公式如下。

$$渠道 ROI=LTV/成本$$

渠道 ROI 是指在该渠道进行投放以获取的投入产出比。如果 ROI 大于 1，就表示用户带来的长期价值会高于获取用户花费的成本，可以继续采用；如果 ROI 等于 1，就表示投入产出持平，仍然可以继续投放获取更多用户；如果 ROI 小于 1，那么从长期角度来讲，投放是不可持续的。同时，我们也要结合自身业务进行判断，如果产品具有网络效应，那么在人群增加到一定量级以后，就能实现超额收益，或者产品的快速增长形成先发优势，支撑企业不断融资。在这些情况下，我们在短期内可以将 ROI 小于 1 的投放视为一种拉动手段。

LTV 表示用户在使用产品的整个生命周期带来的价值，我们可以用 LT×每日 ARPU 来计算得出。生命周期 LT 是用户从第一次使用产品到最后流失的时间段；每日 ARPU 是指用户每天给产品带来的收益，其计算公式为每日 ARPU=月总收入/（月活用户数×30 天）。比如，某月站内活跃的用户数为 500 000 人，月收入为 10 000 000 元，每日 ARPU=10 000 000/（500 000×30）≈0.67（元），平均生命周期为 150 天，因此 LTV=150×0.67=100.5（元）。

2）裂变传播

裂变是病毒拥有惊人传播能力的原因，它借助载体自身的网络结构进行扩散，如出行旅游、访问、探亲等链路。传染病学中的 K 因子用于衡量传播的速度。如果 K 因子大于 1 就说明一个感染者可以将病毒传染给一个以上健康的人，病毒会持续地传播；如果 K 因子小于 1，就说明病毒的传播会逐渐减弱，最后被控制下来。

互联网的信息传播和病毒的传播是非常类似的，只是基于的结构网络发生了改变，前者为线上的社交网络，后者为用户生活场景。如果我们让在互联网信息传播节点的 K 因子大于 1，那么是否也能进行大范围扩散呢？答案是肯定的。K 因子的计算公式如下。

K 因子 = 受邀用户的分享次数/发出邀请用户的分享次数

比如，一开始有 8000 人参与活动，实际分享了 20 000 次。在第一拨传播以后，受邀用户人群实际的分享次数为 30 000 次，K 因子就等于 1.5，传播会持续扩散，第二拨的 30 000 次邀请可能会带来 45 000 次以上的新邀请；如果受邀人群实际的分享次数不是 30 000 次，而是 10 000 次，那么 K 因子为 0.5，传播开始减弱，第二拨的 10 000 次分享带来不到 5000 次的传播效益。

要想使 K 因子大于 1，我们需要向两个方向努力，如图 8-3 所示。一是用户分享的动力，它会让社交网络中的每个节点都有意愿进行分享；二是高效传播模式，给用户提供一种玩法，让他们自然地把周边节点激活。

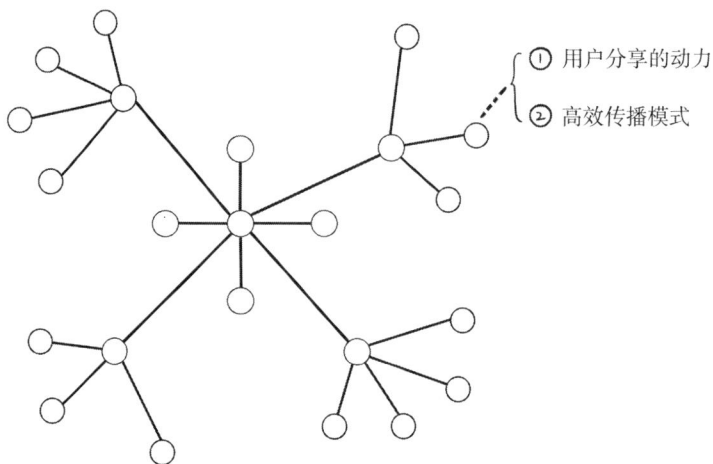

① 用户分享的动力

② 高效传播模式

图 8-3　努力的两个方向

（1）**用户分享的动力**，用户是否愿意去分享信息，由利益驱动与心理需求这两个因素决定。我们可以将两者一起使用，也可以根据自身业务的用户人群画像有侧重地进行选择。

① **利益驱动**。我们可以为用户提供其感兴趣的物质激励，同时帮助他们降低分享的心理门槛。如果产品方案能实现可持续性，就能长期带来收益。

　　♫　**有效激励**，我们需要清晰地掌握目标用户人群的生活习性，了解什么能真正打动他们，然后提供物质激励。比如，我们做奢侈品购物平台，如果不知道用户真实的想法，贸然按照自己的诉求提供生活日用品作为利益驱动，那么效果必然大打折扣。

　　♫　**双方受益**，我们让分享者获得激励的同时，应该让被分享者也获得一定的收益，降低分享者的心理门槛，让他可以从帮助好友的角度去思考。如果分享者将产品活动分享出去以后，产生的收益全部归自己，就会担心是否打扰到朋友了，他们会不会认为自己很自私。如果收益是双向的，分享者就会认为做了一件有利于大家的事情，同时自己也获得了一份收益。

　　♫　**可持续性**，如果我们给予用户的激励能通过一定的形式填补回来，那么这类产品方案就可以常态化。比如，用户通过分享好友红包共同瓜分30元代金券，分享一次可以获得3位新用户，获客成本小于用户的长期价值。

② **与物质利益相比，心理需求隐藏得比较深**。用户传播是为了达成某种心理诉求，通常分为自我虚荣、社交需求、更多快乐等，我们需要找到场景让用户在分享的过程中满足这些内在需求。

　　♫　**自我虚荣**，完全从自我的需求出发，希望展现出光鲜亮丽一面。比如，女儿在舞蹈培训班学会了一支舞，父母拍了一段视频上传到朋友圈，希望能收获评论和赞美。

♪ 社交需求，以维护关系为目的的分享，类似于拍一下对方、打个招呼。比如，好友怀孕了，我们可能看到优质的胎教内容就直接转发给她，本质上是通过一次互动来加深情感。

♪ 更多快乐，分享对自己有收获的内容给朋友，比独自享受更加愉快。比如，在抖音看到一个有意义的视频，随手就转发到了闺蜜小群，这不是为了满足自我，而是希望共享内心的快乐。

（2）**高效传播模式**。在满足了用户的利益和心理诉求以后，我们要帮助用户搭建一个玩法，让他用现实生活中的场景去号召身边的好友，这里最重要的是把线下场景线上化。人类的很多设计灵感都源于大自然，借鉴线下生活的组织玩法，融入自己的创意，以下是常见的几种模式。

第一，请求好友帮忙。遇到问题自己没办法解决时，求助好友协助处理。对于这样的线下场景，线上同样可以参考，比如春节回家前，微信群里全是好友助力加速抢票的链接，大家都会顺手点一下互相帮忙。

第二，社交拼团。生活中购买的商品数量越多越便宜，因此个人和批发商在提货时的价格是不同的。相同的模式到线上以后，就成了在群里分享商品，拉上好友一起拼团。

第三，分享身边好物。小的时候我们有好吃的会分享给同伴，从而增强人际关系；长大以后，我们会叫上同事、朋友一起去品尝美食。共享好东西一直都没有变过，线上常见的是好友红包，双方都能领取就是基于这样的场景。

（3）**持续实验**。在实际打造病毒式传播分享时，我们很难一次性让 K 因子大于 1，图 8-4 展示了这个持续精进的过程。我们需要在不断地实验中调试产品形态，找到用户原生的驱动力和高效传播的模式。

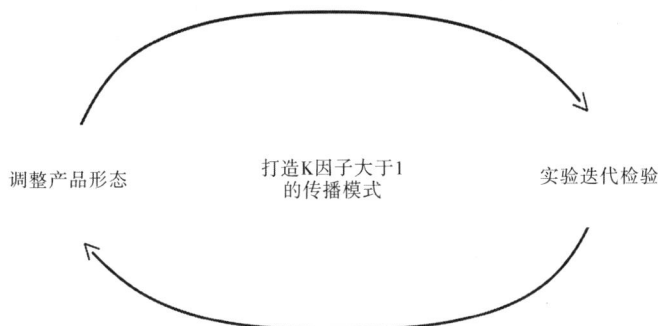

图 8-4 打造 K 因子的循环过程

2. 提升短期、中期、长期留存率

我们在前面讨论了通过渠道、裂变传播拉动新用户，接下来我们聊聊留存率。留存率决定了产品累积用户的速度，我们每天都在通过各种渠道获取新用户，然而这拨用户会随着时间慢慢流失，因此留存率在不断地下降。我们希望让留存率曲线变得更加平缓，让它的尾部可以延长到很远，从而累积更多的活跃用户。为了实现目标，我们通常将留存率曲线分为 3 个阶段：短期、中期、长期，如图 8-5 所示。之所以划分阶段是因为用户对平台的理解和内心诉求随着时间在不断变化，我们需要针对每个阶段制定相应的产品打法，以获得更高的留存率。

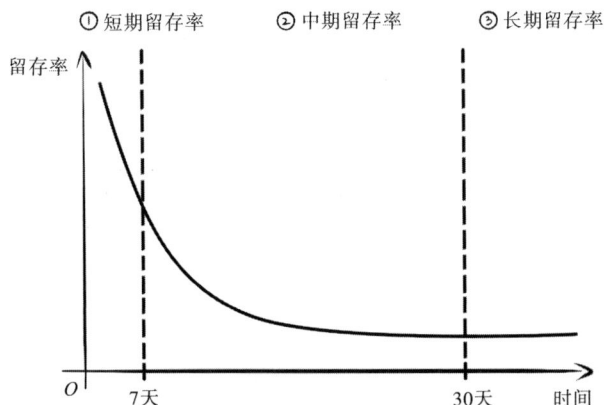

图 8-5 留存曲线的 3 个阶段

1）短期留存率

短期留存率的核心对象是新用户人群，他们可能来自拉新渠道，或者看见朋友使用，抱着试一试的心态安装并试用软件。用户下载产品那一刻，内心是有相应预期的，然后开始进入至关重要的体验流程，该过程像漏斗一样层层流失，最终剩下的用户获取了产品的核心价值。比如，在电商平台购物，用户先后经历搜索、浏览商品详情页、添加商品至购物车、支付、快递配送、商品体验这个过程，在这个过程中人数逐层递减。提升短期用户留存率本质就是让用户获取核心价值的漏斗宽口化。基于这个目标，我们通常使用激励、产品链路优化、细化新用户策略3种方法（见图8-6）。

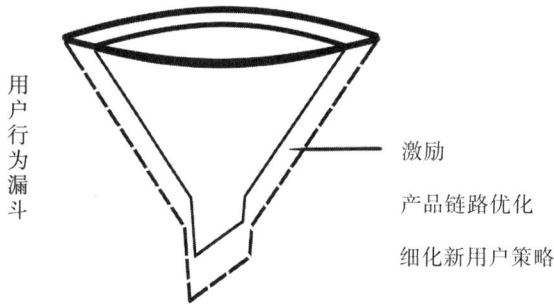

图 8-6　提升短期用户留存率的方法

（1）激励。针对新用户的激励和针对其他人群的激励是完全不同的，新用户对站内并不了解且没有建立任何信任，不会把过多的时间留给产品。荣誉项的手段基本无效，我们要采用更直接的物质利益方式。

新用户对产品本身就不熟悉，因此核心目标是让他们能够体验产品的核心价值，其他次要模块不要糅合在一起硬塞给用户，以免流程复杂、要求过多，导致用户失去尝试的兴趣。比如，电商购物平台对首次下单的新用户给予直接的利益刺激，在满100元以后直接减免一定的金额，这比获得抵扣积分更加简单、有效。

提供自身产品价值，这样能更好地提升留存率，如果给予用户不相关的第三方利益，那么用户可能在获取利益以后大量流失，因为他们并不认同产品的自身价值。比如，在知识付费平台，用户购买付费内容，我们的激励手段可以围绕知识本身，而不要赠予其他合作平台的商品或会员卡，即使它的产品具有普适性，也没有使用户建立对自身平台的忠诚度。

（2）产品链路优化。产品流程冗长或主线不清晰对新用户来讲都是致命的损害，它们会阻挠产品价值的表达。在流程漏斗宽口化的过程中，我们没有捷径，必须扎扎实实地打磨各个场景。**避免迷宫式的产品体验**，让用户可以清晰地知道自己应该做什么、如何快速成长等；**去冗余**，将不必要的流程全部去掉，让用户以最短的路径获取核心价值。

（3）细化新用户策略。针对新用户和针对老用户的策略应该是不同的，前者基本上没有画像，而后者的兴趣会清晰很多。在混沌状态下，我们需要摸索针对大量新用户有效的普适性策略，而非执着于个性化手段，极其不准确的用户兴趣反而会使转化率降低。我们可以尝试采用以下策略：第一，**推送实时热点**，用户普遍都会对头部的热点事件比较感兴趣，一方面可以作为日常社交的谈资，另一方面，也能满足自己的好奇心；第二，**利用用户地域、年龄、性别的差异**，比如一线用户和三线用户在生活方式上会有不同，这种差异使用户关心的事物不同且具有聚类特征；第三，**让用户主动提供兴趣点**，产品用轻量级的交互形式，融入趣味性和些许强制感，快速完成从无画像到粗粒度兴趣的跨越。

2）中期留存率

在完成短期留存率的提升以后，我们把目光聚焦到中期留存率，这个阶段的用户已经对产品有一定的认知，我们的重点在于找到与留存率相关的用户行为，在产品上形成一个具象靶子，集中精力和资源打透这个点。比如，Facebook 在 10 天内让用户添加 7 个好友就能使用户留存率得到大幅提升，因此成为公司内部团队的核心目标之一。

在实际产品设计中，我们可以先从业务和经验出发，梳理哪些用户行为可能会影响留存，同时在分析师的协助下使用回归模型，完成对候选行为的筛选，获得正相关候选集。

找到相关性以后，我们进一步验证是否为因果关系，相关并不等于因果。比如，啤酒和尿不湿就是一个典型案例，在周末，男士喜欢喝啤酒看比赛，然后捎带为自己家的小孩购买尿不湿，这显然不存在因果关系。因此，在业务中我们需要继续采用 A/B 实验观察，改变其中一个变量来判断分析是否存在因果关系。

检验通过以后，我们可以让业务团队内部对结论形成共识，提供业务精细化迭代，使留存率稳步提升。比如，我们发现 App 中创作用户收获 5 次正向互动能提升留存率以后，应该主动分享经验或形成 OKR 目标。

3）长期留存率

留存率会有一个长长的"尾巴"，如果坡度能够得到很好的延缓，就能使 DAU、WAU 在一定程度上得到提升。我们现在面对的是老用户，处于这个阶段的他们对产品提供的价值和品牌都比较认同，可是仍然有 3 方面会造成用户流失，分别是缺乏成长空间、无法忍受的反向型功能、出现新的竞争对手。

（1）缺乏成长空间。用户在使用产品时已经感受不到自己的成长了，一直处于某个水平获得不了额外的价值。这种体验就像我们在游戏通关以后，再玩一次还是相同的结果一样。**因此，产品的设计需要留有更多的空间，让老用户可以感受到自己的成长，我们通常可以采用以下 3 种方式：激发创造力、提升使命感、创造新挑战。**这些方面拥有广阔的纵深空间可以容纳用户的成长需求，为其注入持久的参与动力，帮我们留住老用户。比如，用户在蚂蚁森林中种植虚拟的树，地球上就会种下一棵真实的树，这种"环保公益"的使命感在持续给予用户动力。

（2）无法忍受的反向型功能。我们应该定期和用户进行交流，并且建立一套完善的接收反馈机制，这样可以帮助我们更好地发现用户流失的原因。如果老用户因为功能性问题选择离开产品，那么一般是产生了让人无法容忍的问题。我们最好及时找到这些反向型功能，它们一直在提供体验的负相关性。比如，我们在音乐类 App 上增加社交小游戏，虽然丰富了场景，但在很大程度上损害了用户对 App 定位的认知，可能会造成用户流失。

（3）**出现新的竞争对手。**如果留存问题不是出自产品内部，那么有可能是当前市场正在被同行业的侵入者瓜分，他们用高额的补贴吸引用户。竞争是避免不了的，我们需要详细掌握竞争对手和整个市场的信息，制定产品打法以实现**用户迁移成本远大于竞品为用户带来的额外价值**，用户在这种情况下是不会舍弃我们的产品的。

3．打造多元化吸引点召回用户

我们在召回方面通常会打造一个吸引用户的点，借助 Push（应用程序的推送消息）、短信等渠道进行触达，达到提升用户使用频率的目的。具体的吸引点至关重要，它可以决定召回转化率，通常我们会从产品手段、算法手段、运营手段 3 个不同的角度发掘用户感兴趣的内容。

1）产品手段

产品手段本质上是吸引用户的注意力，我们大部分精力都消耗在与自己密切相关的事情上，潜意识中过滤了无关的事物，从而大幅提高信息处理效率，这是人类进化的产物。

利用这个原理，我们可以寻找与用户相关的事物，以此作为吸引点触达用户，常见的方式有以下 3 种。第一种是**用户互动，**他人的评论、私信或来访都是一个非常好的理由去触达创作者，实现高转化率地召回。第二种是**获得有效反馈，**用户在平台上的任何行为都会消耗精力和时间，他们肯定希望收获更多的有效反馈，因此我们可以把用户关注的事件的进展、结果等及时触达给用户。比如，用户曾对某个热点事件进行了深度消费，突发反转时可以立即推送。第三种是**用户兴趣点**，我们通过用户在平台上留存的行为数据可以挖掘出个人倾向性，以此来吸引用户注意力。比如，用户想要购买的商品的价格发生变化或直接为其提供对应的优惠券。

2）算法手段

我们通过算法可以打造个性化的吸引点，从批量群发逐渐走向量身定制，接下来笔者和大家分享几种主流的算法。第一种是**协同过滤**。①基于用户行为，我们可以帮助用户找到与之兴趣相同的人，看看他们购买的是什么，然后相互推荐感兴趣的内容。②基于内容，我们可以依据所有用户对内容的反馈，找到内容和内容之间的相似度，推荐给用户与历史偏好相似的内容。第二种是**聚类**，它最初用于考古、昆虫分类研究，可以简单理解为对用户进行分组，组内用户是相似的、组外用户是不同的，在小组内部相互推荐内容。第三种是**深度学习**，类似于人脑的神经网络，通过多个不同功能的层实现复杂非线性的自学并发现规则。比如，知乎的内容推荐、Push 推送都是基于用户正负反馈训练模型使匹配越来越精准。

3）运营手段

运营手段区别于产品类的功能性触达、算法的个性化分发，运营同事围绕事件下发的 Push 更加灵活，人工把握整体节奏、下发场景、人群圈选、策略制定、文案撰写等。在这个过程中，我们可以借助三种工具使转化率得到大幅提升。第一种是**引入 A/B 测试机制**，支持运营同事进行 Push 变量组合来寻求最佳方式，多组分发，15 分钟以后获取真实数据进行对比。第二种是**半自动化形式**，把个性化的部分交给算法处理，这是它所擅长的，我们提供给算法人群范围、内容池等，完成自动匹配。第三种是**频控机制**，度的把握是非常重要的，如果用户频繁收到不感兴趣的内容，就容易关闭通知渠道，甚至卸载 App。一套完善的频控机制可以避免用户在短时间内密集接收或长期接收不感兴趣的内容，允许用户主动表达负向反馈和喜欢的方向，使整个触达体系持续良性运转。

8.1.2 运营和市场

在上一节，我们通过持续打磨产品的渠道、留存、召回，使产品具有较强的黏度，从而增加活跃用户数量。产品从一小部分热衷的粉丝向大众用户进行出圈拓展，需要运营和市场的通力配合，只有这样才能实现产品价值最大化（见图 8-7）。

$$\text{具有黏度的产品} \;\otimes\; \begin{cases} \text{高效运营} \\ \\ \text{市场传播} \end{cases}$$

图 8-7 运营和市场的通力配合

1．高效运营

开拓用户流量的打法有很多，如现金补贴、招募计划等，然而每款产品的定位、人群、领域都不同，"一招鲜吃遍天"的运营打法很难奏效。我们需要通过小步快跑的方式进行探索，寻找适合于自身产品拓展的运营打法和节奏感。

1）运营拓展

运营拓展是一条完整的链路，并非某个环节，因此我们可以使用如下公式进行表达。

运营拓展速度＝渠道×有效的运营策略×试错速度×资源供给

（1）**渠道**。我们针对产品核心的用户人群寻找多元化的高效渠道进行触达，突破获取用户源头的瓶颈，使更多目标人群了解并试用产品。

（2）**有效的运营策略**。在进行运营方案策划时，我们需要对用户有深入的了解和思考，制定具有尝试价值的方案。试错也会产生成本，一个没有经过推敲、过于随意的方案会浪费时间并使我们失去信心。**我们可以有一个粗略的衡量标准，将方案给到目标人群，看看他们是否具有强烈的参与意愿，甚至有激动或期待的表现。**

（3）**试错速度**。"选取渠道→制定运营策略→研发→小流量实验→数据分析"这个过程会不断循环，时间越短，我们就越具有优势。面对未知的复杂世界，如果我们拥有比竞品更多的尝试机会，就容易在优胜劣汰的筛选中存活下来。

（4）**资源供给**。找到高效渠道、运营方式以后，公司的资源直接决定了用户增长的倍数。如果融资速度快、投资方具有额外资源，如流量扶持、共享生态链等，我们就会远远领先于同样摸索到有效运营模式的竞品。

2）节奏感

引入大量新用户仅是第一步，我们还需要有节奏感，让每一拨人在体验产品以后，都能很好地被承接住。**这类运营的节奏是指采用连续高频刺激培养用户使用习惯从而使其留存下来**，就像烧开水一样，我们需要一鼓作气把水烧到 100 摄氏度，水才能烧开。实现运营有节奏常用的方式有以下 3 种。

（1）**连续活动**。着力于用户已有的兴趣点，高频率举办活动，让用户在核心链路上养成操作习惯。比如，哔哩哔哩在各内容领域下持续举办不同主题的创作活动，触达初级创作人群。

（2）**埋下种子**。在用户首次完成核心操作以后设置一个新的激励点，在体验满意的前提下它会成为用户再次行动的理由。比如，用户在电商平台购物，首单购买成功以后可领取一张新的高额满减券。

（3）结合预期。我们主动寻找用户的预期，基于这些机会点去设计产品激励方案。比如，内容社区平台，通过第一次活动让创作者有了内容产出。可预期的是，他们渴望获得互动反馈，未来成为 KOL，然后我们就可以通过提供创作者成长计划，推荐给其他好友关注等进行用户留存。

2. 市场传播

互联网在不断摧毁旧形态、重组新模式，市场传播随着底层大趋势不断变化，我们回顾一下过去经历的 3 个阶段，并且将当下有效的市场手段运用于产品的出圈。

第一个阶段——物质和传播渠道稀缺。新产品通过简单地集中式投放，就能产生很好的品牌传达效果。比如，20 世纪七八十年代产品在电视台黄金时段进行投放，能轻松获得高知名度。

第二个阶段——供给过剩，传播渠道稀缺。产品开始寻求差异化的定位打法，谋求在不同的生态位上生存，通过广告投放扩大影响力，并且告诉用户产品的不同之处。

第三个阶段——供给和传播渠道都过剩。在这个阶段，我们不仅需要对产品进行差异化定位，同时还需要在信息爆炸的网络中进行有穿透力的品牌传播。**我们可以使用产品理念和故事满足用户在精神层面的追求，产生价值观共鸣，从而吸引用户注意力。**下面分享 3 种传播品牌的方式。

（1）外观风格。产品的外观风格就像一种语言表达，它会和用户交流我们的主张。比如，无印良品在设计上追求日常化、虚空、白色，通过外观风格传达一种追求简约、朴素的生活价值观。我们在外观层融入价值观，人们感受并认同这种价值观以后，会成为产品粉丝和品牌传播者。

（2）产品服务。如果我们的产品为用户提供高频的服务，用户就能直接察觉到每个决定背后隐藏的价值判断依据。比如，小米提倡与用户共创，用户通过小米论坛可以感受到和自己一样年轻、充满想法的团队成员愿意听取自己的意见并进行高效处理。用户会逐渐认同产品的价值观，成为产品的忠实粉丝。

（3）产品故事。我们将自己的产品与一个好故事建立连接，这将具有极强的传播力。好故事有两个特性：能强有力地抓住用户注意力；能满足用户的幻想。当我们赞同故事传达的价值观以后，也就等于接纳了大半个产品。比如，"褚橙"的故事跌宕起伏，褚时健从失败到成功的经历让消费者牢牢记住了"励志"的标签，用户结合自身经历都会产生些许共鸣，都希望能像褚时健一样"乘风破浪"。

8.2　突破天花板，获得新空间

按照上一节的打法，我们在已验证过的方向上努力，开始的一段时间确实能获得不错的收益。然而，业务增长速度并不能持续，在增长曲线趋于平缓时，我们可能碰到了天花板，需要突破瓶颈让业务恢复增长。

我们来仔细思考一下瓶颈产生的原因，它不是由产品内部引发的，而是因为触碰到刚性边界，这类边界一般是某个场景或垂直领域的市场大小。此时，我们需要采取灵活的方式来解决问题，获得增速。比如，随着互联网移动用户的增长触及天花板，手机硬件行业的发展趋于平稳且竞争者繁多。我们熟知的苹果公司从 2019 年开始逐渐转为"硬件+服务"的增长模式。

我们可以通过人群拓展、场景延伸、垂类拓宽这 3 个不同的维度来绕开刚性边界，突破天花板。

1）人群拓展

我们会选择围绕当前产品核心人群进行拓展，新增的用户和站内用户在某些属性上类似。我们要谨慎选择跨度大的人群，因为那样相当于开拓全新的市场，我们利用不上已有的优势，显然胜算大大降低，并且在人群属性差异较大时，产品功能很难同时满足各类用户，最终无法相融。

我们需要寻找站内用户和拓展人群的共同兴趣点，针对这些共同兴趣点来构思产品功能和运营内容，如图 **8-8** 所示。这样不仅可以留住新增目标人群，还能服务好站内用户。以哔哩哔哩为例，哔哩哔哩在用户人群上从"二次元社区"扩展到"年轻人社区"，这两类用户在娱乐、音乐、学习方面存在共同兴趣点，因此构建的场景可满足其共同需求。其中娱乐领域的产品用户出圈，在游戏业务的收入占哔哩哔哩总收入的50%，2019 年年底哔哩哔哩开始布局游戏直播，比如耗资 8 亿元取得 2020—2022 年的"英雄联盟"直播版权。在音乐方面，哔哩哔哩开始与腾讯 QQ 音乐合作，线上举办云音乐会、云逛展等。在学习方面，2020 年哔哩哔哩开始推出学海遨游计划，联手九大高校深耕学习属性，增加泛知识学习内容。

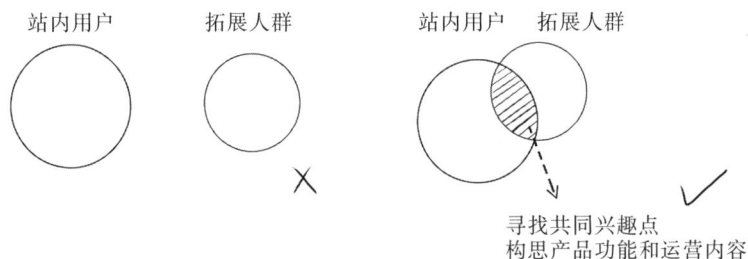

图 8-8　寻找站内用户和拓展人群的共同兴趣点

2）场景延伸

用户在某类场景下的消费饱和以后，产品发展会进入瓶颈期，很难有质的提升。我们可以基于用户对品牌的认可，从现有场景延展，覆盖其他高相关度的需求，从而使用户消费的频率或数量有所增加。

在进行产品构思时，我们需要将其和日常功能设计区别对待。以往是基于明确的定位、使用场景，我们只需专注于产品功能本身即可，而现在我们必须从源头重新梳理，把模糊的信息清晰化，重新审视品牌定位、使用场景是否需要调整，在线下和人群进行详细的沟通，了解他们的生活状态和真实需求。别怕耽误时间，如果不这样做，以后就可能耗费几个月的时间在验证错误。采用场景延伸打法获得高速增长的互联网企业有很多，比如美团从单条线上的团购业务一步步走向大场景，覆盖了外卖、新零售、电影、出行、旅游、金融等多个方面，能满足用户在生活中的大部分诉求（见图 8-9 ）。

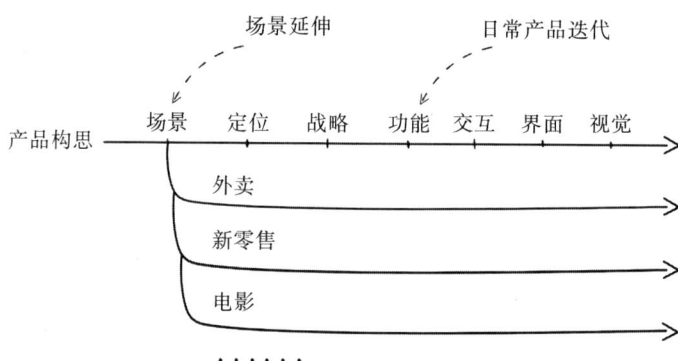

图 8-9　针对不同场景重新进行构思

3）垂类拓宽

我们对垂类进行拓宽能够满足用户对内容多元化的诉求，促进产品的活跃度和用户的消费能力。以前，我们在一款生鲜 App 上只能购买水果、海鲜，而现在可以顺便把想吃的零食也买了。

我们在进行垂类拓宽时，通常要综合考虑 3 个方面：人群渗透率、价值、服务于战略目标，优先拓展三者交集的垂类（见图 8-10 ）。

（1）人群渗透率。不同垂类对应不同的兴趣人群，在投入同样的资源的情况下，渗透率高的垂类能够带来更高的产出。

（2）价值。新品类带给用户的价值可以通过用户的付费意愿或消费时长进行衡量。

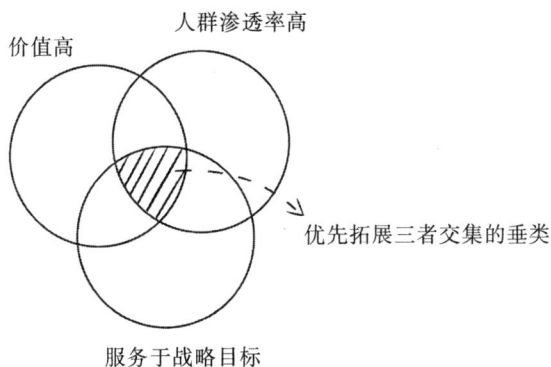

图 8-10　选择符合要求的垂类

（3）服务于战略目标。通常我们拓宽垂类都会有一个战略目的，可能是增加收入，也可能是抢占竞争对手的领域，不同的目的会使垂类的选择各有侧重。比如，快手曾经在日活突破 2 亿名用户的时期，将精力主要投向美食、美妆时尚、音乐、游戏、情景剧、运动、舞蹈、艺术、萌宠、教育科普、二次元、旅行这 12 个垂类，它们具有很高的人群覆盖率，消费的黏度高，也能很好地服务于提升 DAU 的业务目标。

本章小结　如何使业务保持高速增长

1. 未触及业务天花板，保持高速增长

1）寻找产品的增长点

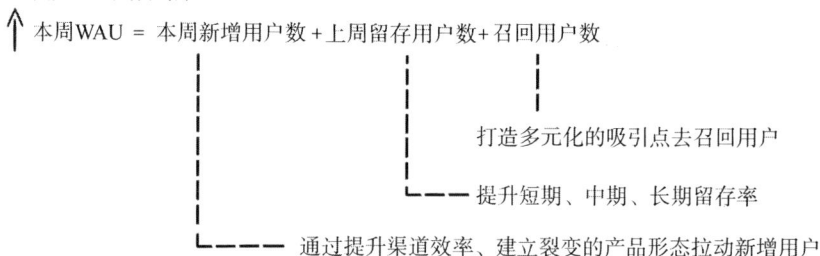

本周WAU = 本周新增用户数 + 上周留存用户数 + 召回用户数

打造多元化的吸引点去召回用户

提升短期、中期、长期留存率

通过提升渠道效率、建立裂变的产品形态拉动新增用户

2）运营和市场

（1）高效运营，我们通过小步快跑的方式进行探索，寻找适合于自身产品拓展的运营打法。

运营拓展速度 = 渠道 × 有效的运营策略 × 试错速度 × 资源供给

节奏感是指采用连续高频刺激培养用户使用习惯从而使其留存下来，让每一拨人在体验产品以后，都能很好地被承接住。

（2）市场传播

我们使用产品理念和故事满足用户在精神层面的追求，产生价值观共鸣，从而吸引用户注意力。

– 外观风格　　– 产品服务　　– 产品故事

2. 突破天花板，获得新空间

（1）人群拓展。我们会选择围绕当前产品核心人群进行拓展，新增的用户和站内用户在某些属性上类似，寻找他们之间的共同兴趣点，针对这些共同兴趣点来构思产品功能和运营内容。

（2）场景延伸。我们可以基于用户对品牌的认可，从现有场景延展，覆盖其他高相关度的需求，从而使用户消费的频率或数量有所增加。

（3）垂类拓宽。我们在进行垂类拓宽时，通常要考虑人群渗透率、价值、服务于战略目标3个方面，优先拓展三者交集的垂类。

第 9 章

产品战略

在前面几章，我们从思考具象的产品功能到设计打磨，然后逐步进入抽象的业务规划和用户增长打法，接下来我们从宏观和长期的角度来思考行业战略。我们先思考一下什么是产品战略，**产品战略就是基于企业已有资源和市场格局，通过设定一系列的目标，实现愿景最大化**。举一个简单的例子（见图9-1），互联网行业的工作状态基本上是"996"，大家都希望在节假日放松身心。我们可以出趟远门放松一下，无论是选择去泰国还是选择去迪拜都会达到目的。在旅游的过程中，我们可以去免税店购买一些心仪已久的商品，犒劳一下辛苦工作的自己。不过，最近听同事感叹旅游行程很紧，似乎留在家里每天睡到自然醒和陪家人是更好的选择。

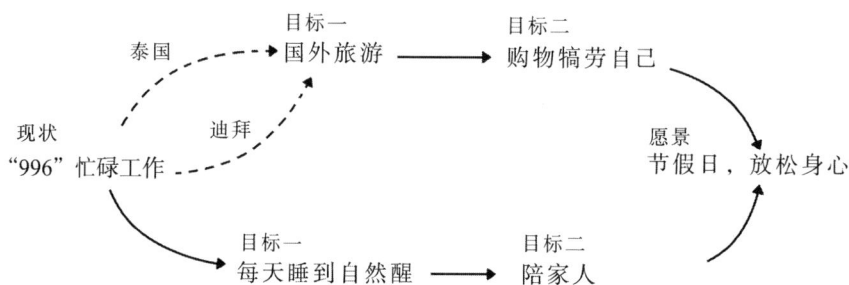

图9-1 通过一系列目标来实现愿景

了解战略的概念以后，为大家介绍3类战略，分别是价值点战略、价值网战略、生态战略，其实这也覆盖了一个公司从起步到逐渐成为巨头的战略演变过程。以下内容偏向于宏观思路，虽然此时的你可能还没有机会将它们运用在工作中，但可以把它们带入自身行业进行思考。这些内容将在我们的脑海中埋下一粒"种子"，当运用的场景出现时，它们便成为我们的一个索引。

♪ 第一类，价值点战略。

♪ 第二类，价值网战略。

♪ 第三类，生态战略。

9.1 价值点战略

价值点战略是指企业选择差异化切入，通过打透一个点取得可观的市场份额，这也是企业的生存"战役"。

在该"战役"中，我们会从小创业团队起步，思考如何充分利用当前的人力资源、物质资源，以灵活的方式解决问题，逐步获取更大、更稳定的市场份额，在差异化价值点上突破重围。如果我们站在生物进化的角度看，就会发现类似的场景不只在商业竞争中存在，一类新物种诞生以后，会在生态系统中获取与其他相关种群的联系并起到一定的作用。如果某个物种没有占据生态位，那么最终会被生态系统淘汰。同样，一个生态位上依赖同一资源的物种存在多个重叠，此时有限的物质资源会引起种群间的激烈竞争，每个物种都会想尽办法让自己生存下来[1]。

我们在具体实施价值点战略时，会选择撕开一个市场差异化缺口，然后集中优势资源打透它，建立起自己的先发优势，并且持续观察瞬息万变的局势，灵活调整打法。需要注意的是，我们制定的战略都是建立在一个基础前提上的，即产品是面向一个刚性、频繁性的需求提供服务的，如果方向存在问题，那么再好的战略也无济于事。

（1）集中优势资源。合适的切入点是良好的开端，同时我们在资源投入上需要做好持续的战略规划。因为我们的综合实力比不上那些超大规模的集团，也许他们一个业务单元就会超过我们整个创业团队的规模，同时他们应对的防御面积也很大，所以我们需要确保在差异化点投入的资源远超竞争对手投入的资源，以获得局部优势。许多以少胜多的案例都是在局部点形成了多对少而赢得胜利的，比如电商平台

---

① 埃迪·普罗斯：《生命是什么：40 亿年生命史诗的开端》，袁祎译，中信出版社 2018 年版。

从来不缺少巨头盘踞，但我们完全可以选择一个足以守得住的点，如有货、得物等App就选择了年轻人潮流购物的垂直细分领域。

（2）建立先发优势，在差异化领域抢占第一名的位置，进入持续的正向循环，如图9-2所示。这个过程就像我们在推着一个具有马太效应的雪球，它能将周围的资源聚集起来。如果我们在选定的差异化领域占据制高点，行业内资本就会向我们靠拢，同时优秀的人才也会希望加入我们，一起实现他们的创业梦想。企业得到资金、人才的补充以后，会快速扩张，强化了原有的吸引力，这个循环不断得到加速。比如，拼多多从A轮到上市，平均半年时间就完成了一次融资，在这个过程中市场、资本、人才不断地完成正向循环积累。

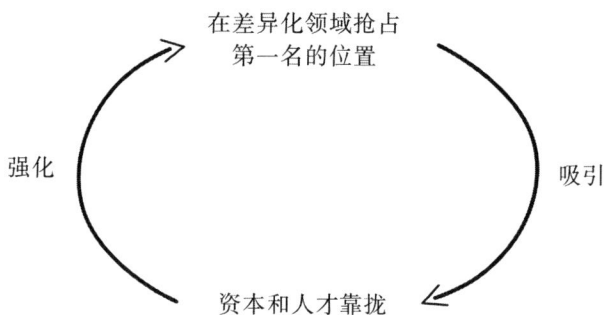

图9-2　先发优势带来的正向循环

此外，此时的市场处于最佳窗口期，产品面对的阻力不大，原因有以下两点。**第一，巨头的行动速度可能不会比我们快**，因为他们拥有完善的体系架构，这把"双刃剑"带来的负面效应是行动上有所迟缓，或者面对初期规模较小的细分市场不会过度投入。这时对于早期进入这个新领域的团队来说是一个好时机，等到市场价值逐渐被挖掘，巨头势必开始争夺。**第二，我们的产品第一个进入用户心智以后，用户心智会对其他竞争对手的产品形成天然壁垒**，这就要求竞争对手必须花费更高的成本去改变用户认知模型，或者和我们一样用差异化开辟新的空间。

（3）观察局势并灵活调整打法。战略是一门艺术，我们面对的问题都是独一无二的，需要指挥官充分利用当前的各类信息，根据企业的能力去制定资源利用最优化的战略。

- **获取充分的信息**。在这样的大环境里，我们需要充分收集市场信息，然后进行分析，预测必然发生的或可能发生的事件。将必然发生的事件纳入实际战略的考量中，针对可能发生的事件，我们要积极制定应对策略。

- **认清企业现状**。所有的策略制定都要基于当下的企业人力和资源，我们要避免在几场胜仗的鼓舞下失去理性思考，面对危机怀着过于乐观态度，制定不切实际的战略打法。比如，拿破仑在第七次反法同盟战争后期并没有认清局势变化，野心大于自身实力，盲目冒进，最终导致失败。

- **最优化资源利用效率**。我们制定战略时会考虑最大化已有资源的投入产出比，这就涉及对短期、长期利益的把握。企业容易在市场压力下追求短期利益，而投入创新会促进企业成长，从而收获长期利益。因此，管理者应当预估为了长期利益而损失的短期利益，同时也要考虑获取短期利益而放弃的长期利益，判断两者最佳的平衡点，然后结合企业自身所处的市场环境和阶段做出最大化资源利用率的战略决定。

9.2 价值网战略

从协同角度来观察，如果我们将每个企业都看成一个点，那么进行相应的组合连接以后能释放出更大的协同效益。当下互联网也呈现这个趋势，各个领域的企业都纷纷融入不同的产业生态形成合作网络，最终出现多个价值网角力的格局。

价值网战略是演进的必然结果，我们可以追溯到人类发展的底层规律，发现它存在的合理性。利用能量一直是人类文明背后的一条主线，从人类掌握用火开始，就不断提升对能源的驾驭程度。从这个角度来看，企业自发加入一个个产业生态是符合以往的演进轨迹的，我们通过建立有效连接，提升能量利用效率，使投入产出更优化。

1. 编织成网，获得协同效应

我们在创业初期会选定一个差异化方向进攻，通过价值点战略在市场撕开一个缺口，形成优势高地。现在，我们由这个价值点开始进行拓展，分为纵向、横向两条线路。纵向可以形成产业链条闭环，再通过多元化拓展出相似业务，横向可以采用超级接口化服务于第三方企业，最终形成价值网，如图 **9-3** 所示。

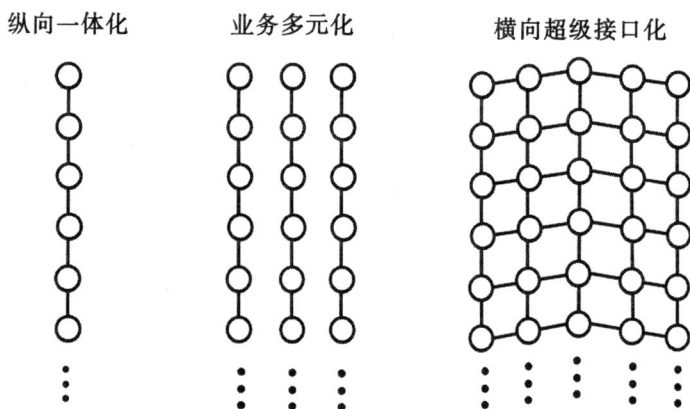

图9-3　从价值点逐渐形成价值网

1）纵向一体化

产业链是不同企业之间相互依赖彼此形成的供需关系，我们向上游拓展会进入供给或基础技术环节，我们向下游拓展会进入市场销售和用户服务环节。比如，电商平台的产业链，上游负责商品供应，包括品牌主、代工厂、批发商；中游提供服务和基础设施，包括物流、数据服务、支付服务等；下游进行流量分发，这部分是我们日常接触最频繁的，如淘宝、抖音、拼多多等（见图 9-4）。

图 9-4　纵向一体化的上游、中游、下游

纵向产业链条的整合是通过控股或并购、少数股权投资、战略合作的方式实现的。针对涉及自身企业的核心利益，在整合过程中我们通常考虑控股或并购；针对大部分关联环节的企业，我们可以通过少数股权投资来建立合作，将彼此绑定在一条战线上；针对其他边缘性业务，我们可以采用战略合作的模式结成同盟，形成弱整合关系。

在纵向一体化以后，企业会在效率、成本、信息、技术 4 个维度得到协同效应，相对于孤立点获得额外的价值加持。

（1）效率维度。产业链条整合以后，组织间的合作形态发生了变化，彼此更加信任，合作也可以通过标准化的对接流程完成。产业链条的信息传递、生产和销售环节都得到精简，在一定程度上协同效应让我们赢得了时间优势，产品的迭代周期大幅缩短。

（2）成本维度。纵向一体化最明显的是去掉了不必要的业务流程，使我们节省了相应的成本。此外，纵向一体化以后的销售方能够以内部价格购买商品，同时洽谈的周期会缩短且谈判人力成本也会相应减少。面对外部企业，我们也能拥有更好的议价能力，对方更希望借助这个机会和生态面的相关企业进行全面、长期的合作，以低价接下更大的订单。

（3）信息维度。 纵向一体化的企业可以实现一定程度的信息共享。我们在向下游的流量分发端进行整合时，能够获得宝贵的行为数据，支持企业进行反向决策。比如，供应商可以通过用户实际的行为数据去优化产品。此外，在用户需求发生变化时，减少中间商也可以加快信息传递的速度，避免被动等待销售平台的订单增加或减少。

（4）技术维度。 在实际的互联网市场中，我们处于不同的产业链位置，无论哪个位置都倾向于专注当前节点的技术范围，缺少协同效应。如果技术跨界打通，那么当我们向产业链的下游整合时，应用层技术的需求能直接推动底层技术在更有商业前景的方向上投入人力，使底层技术的探索更具有应用市场。同样，我们整合上游也可以反推下游进行应用技术革新。比如，电商平台基于上游的人工智能和图像识别技术，可以实现手机拍摄图片快速匹配商品，增加了用户购物的新场景。

2）业务多元化

一个企业的技术、平台、运营、资源等在很大程度上可以复用到相关新业务中，并且互联网领域边际成本几乎为零，我们可以利用这个优势挺进相关业务，获得协同效应。比如，电商平台由生活日用品业务拓展到旅游、二手转卖、生鲜等业务（见图 9-5）。

从现有领域进行业务多元化拓展，带来的协同效应会呈现在增长、融资、资源利用效率 3 个方面。

（1）增长。 企业在某个领域发展到一定阶段时，就会开始逼近天花板，当前的用户和利润的增长速度都会放慢，企业需要寻找一块新的领地快速进行拓展，实现持续的高增速。比如，售卖生活日用品、二手转让、生鲜业务模式具有部分相似性，并且不存在需求此消彼长的关系，如果平台在生活日用品的基础上拓展二手转让或生鲜业务，就可以突破市场瓶颈。

	生活日用品	旅游	二手转让	生鲜
平台	线上PC平台、App	App	App	线下实体店、App
推荐	商品推荐、发现	景点推荐、地域周边	同好圈子、推荐	猜喜欢、发现
信息	购买记录、个人信用度	旅行记录	租/买记录、个人信用	饮食偏好
交易	支付	预授权、支付	担保交易	支付
物流	自有配送	—	自有配送	最后1公里
供应商	品牌、代工厂	机票、酒店代理商、航空公司	个人二手物品、二手商家	自有供应链

多元化

图 9-5　由现有业务拓展相关新业务

（2）**融资**。以低成本进入其他市场在投资人看来是一种高效的扩张，未来具有更大的想象空间，能够帮助企业提升融资的概率或提升股价。新资本涌入可以帮助企业快速扩张占领市场，建立先发优势。

（3）**资源利用效率**。如果存在未被合理利用的闲置资金，那么选择业务多元化相当于一种投资方式，帮助企业实现更优的资金配置。与此同时，降低企业对单一核心业务的依赖。

3）横向超级接口化

其实，这是一次从内到外的产品服务涅槃，企业内部根据自身业务需求孕育出了支撑性服务，经过战略规划将它标准化、接口化并提供给外部企业使用。还是以电商平台为例，我们可以从云计算服务、人工智能服务、用户体系、第三方支付平台、物流网络方向给第三方企业提供服务，最终实现价值网的横向连接（见图 9-6）。超级接口化应该属于互联网发展的必经之路，在模式、理念上更能满足供给双方的诉求，带来的好处有黏度提升、相互支撑、服务好且价格低。

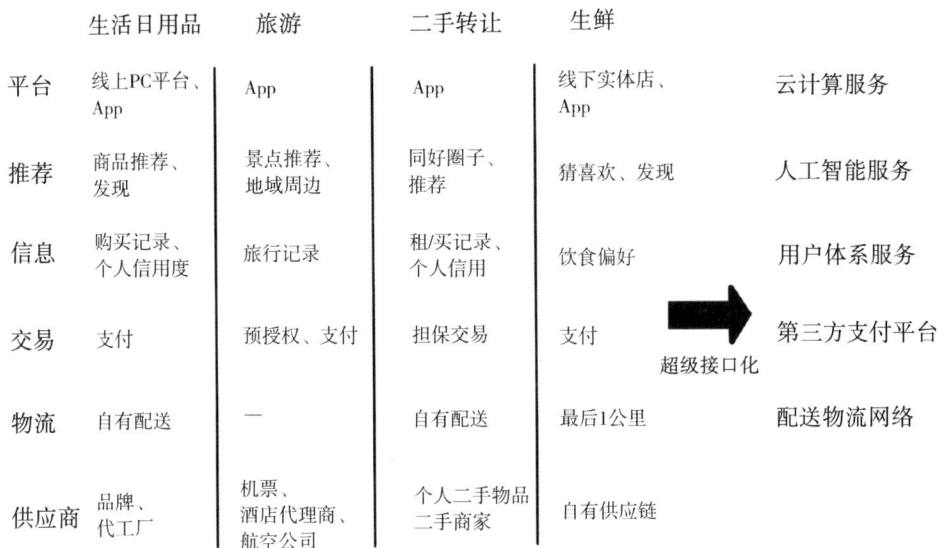

	生活日用品	旅游	二手转让	生鲜	
平台	线上PC平台、App	App	App	线下实体店、App	云计算服务
推荐	商品推荐、发现	景点推荐、地域周边	同好圈子、推荐	猜喜欢、发现	人工智能服务
信息	购买记录、个人信用度	旅行记录	租/买记录、个人信用	饮食偏好	用户体系服务
交易	支付	预授权、支付	担保交易	支付	第三方支付平台
物流	自有配送	—	自有配送	最后1公里	配送物流网络
供应商	品牌、代工厂	机票、酒店代理商、航空公司	个人二手物品、二手商家	自有供应链	

超级接口化

图 9-6 将内部业务超级接口化

（1）**黏度提升**。超级接口服务对于供给方来说是一个与其他企业连接的好机会，这仿佛是一张无形的网把所有的企业都连接上了，企业一旦加入就很难离开，因为迁移成本很高，涉及数据资产、技术成本、对新服务的信任度等，不知不觉形成了抵御竞品的壁垒。此外，第三方企业能以更高的系统兼容性使用更多新服务，如云计算、人工智能、用户体系、支付、配送等服务。在彼此不断强化连接的过程中，双方早已形成了密不可分的共同体。

（2）**相互支撑**。流量红利正在消失，我们已然进入互联网下半场，注意力也会转移到存量市场，各领域的大企业在彼此生态圈中相互渗透。此时，我们不妨从入侵者转变为背后支撑者，这样我们进入新领域的阻力会大幅度减小，并且能获得合作伙伴与入局时机。比如，腾讯的生态开放战略提供自身技术、数据中台，让企业、开发者直接利用先进的人工智能、通信、网络安全等服务，和产业伙伴共同完成变革升级，腾讯以这种方式成功渗透医疗、企业管理、智慧出行、传统零售等领域。

（3）服务好且价格低，这类自研技术早期为了解决企业内部的诉求，通过实际场景的打磨完善变得更加成熟和稳定，再逐步接口化对外赋能，第三方企业也能共享行业先进技术。同时，超级接口化的 SaaS 服务会让成本降低，虽然售价下调但实际利润不会受影响，新模式获得了颠覆性优势。比如，国内阿里云向百万级用户提供 SaaS 服务，覆盖云服务器、云数据库、云存储、大数据等。

2．价值点的取舍

我们采用纵向一体化、业务多元化、横向超级接口化的方式建立价值网，获得协同效应。那么，哪些价值点应该被纳入这个大网呢？我们需要衡量性价比。在实际操作过程中，价值是比较明确的，成本往往容易被遗漏，这里通常会涉及以下几点：连接成本、产业平衡被打破、机会成本、成功概率。

（1）连接成本。我们对产业链进行整合，重组一些节点，在这个过程中会花费相应的资金成本，另外新组织架构和产业流程需要有磨合的时间，同样会产生新的管理成本。

（2）产业平衡被打破。我们在不断拓展业务的同时，也在改变行业的原有格局，势力会得到重新分配。合作方会敏锐地察觉到行业变化，并且预测我们下一步的动作。如果合作方将我们视为后续的一个潜在威胁，那么在以后各项商业活动中会对我们进行限制，比如流量上进行战略性的减少导流，或者在核心技术层面不再进行合作。因此，我们在准备打破这个生态平衡时，需要把这项风险成本考虑进去，并且制定应对方案，只有这样我们才可以大刀阔斧地去行动。

（3）机会成本是指企业为了某项经营活动放弃另一项经营活动的机会，或者利用一定资源获得某种收入时放弃的另一种收入。[①]从经济效益出发，企业会将闲置资金投资到其他地方或存入银行，这样也能得到一定的回报率。因此，我们需将机会成本纳入衡量成本的过程中，如果我们进入一个领域协同效应的价值不大，收入和成本长期处于持平状态，那么加上机会成本实际处于亏损状态。

（4）成功概率。我们进入一个充满挑战的新市场，有可能会占领市场，当然也有可能失利，因此我们最好把成功概率纳入考量。如果市场空间很大，但早已被巨头占据，那么我们在看到高价值的同时，还需要评估自身成功的概率。成功概率是一个关键因素，价值和成功概率的乘积会让原有的巨大收益完全消失，彻底颠覆之前的设想。

9.3 生态战略

价值点战略和价值网战略更多的是以自身业务视角进行拓展，形成一盘好棋，获取协同效应层面带来的价值。现在，我们站在生态视角扩大视野，以前的价值网会成为生态的基础，在价值网之外散落着很多与业务相关度并不高的潜力点，这些潜力点有机会产生巨大价值。我们采用股权投资、战略合作的形式建立价值网和潜力点的连接，共同组成生态（见图9-7）。比如，电商平台投资布局无人机，虽然短期可能没有多少价值，也不是产业链的业务，但长期可能会颠覆某些环节，如无人机代替线下车辆进行配送。

---

① 郭毅：《市场营销学原理》，电子工业出版社2008年版。

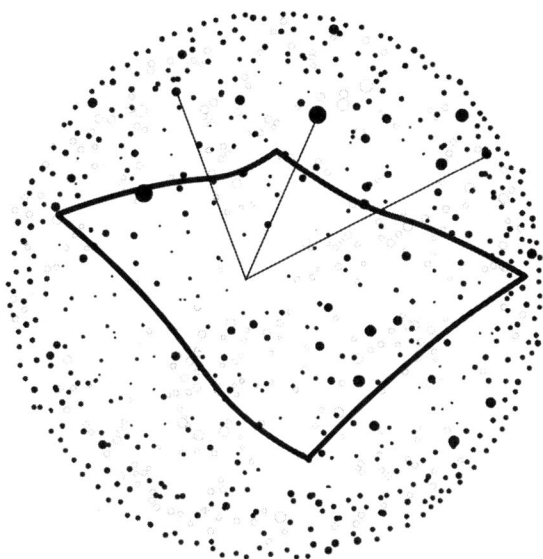

图 9-7　基于现有价值网连接潜力点

此外，生态战略对于大企业来说也是在补足自身短板，我们没有充沛的精力和足够的能力占领所有领域。随着企业人员增加、组织管理复杂化，团队的冒险精神和反应速度会有所下降。同时，优秀的人才都希望自己能够改变世界，并不甘心成为大企业的普通员工，**我们不妨作为一个生态管理员，从更高的层次对他们进行组织并赋能，在他们需要的时候给予投资、流量扶持、技术支持等。**

在实际连接的过程中，我们能够遇到很多的潜力点，需要清晰地判断哪些是值得布局连接的，**看看这些潜力点是否满足 3 个方向：技术趋势、互联网渗透趋势、愿景故事。**

1）技术趋势

相同行业的企业都在一个趋势面上，虽然企业通过努力可以改变自身在面上的位置，但逃脱不了面的束缚。技术是决定行业面的核心因素之一，新技术的到来会带动经济和生活品质的提升，它会新增或改变现有行业面。**我们通过技术趋势去捕捉潜在**

的高价值行业面，相当于选择了未来必然发生的一件事情，只是不确定发生的具体时间，然后在这个面上找到优秀的企业进行连接。

在寻找的过程中，我们需要洞察不同领域的技术创新和变革，组建团队去跟踪市场变化，了解哪些新技术刚问世或处在申请专利阶段等（见图 9-8），感知这个世界在发生什么、即将发生什么，逐渐培养自己敏锐发现潜力点的能力。同时，我们需要选择一个风险和估值相对平衡的时机和这些企业洽谈，如果是创业企业，那么刚完成产品研发是一个比较好的时机，我们可以感受真实的产品，风险可控且估值不高，有助于投资收益最大化。

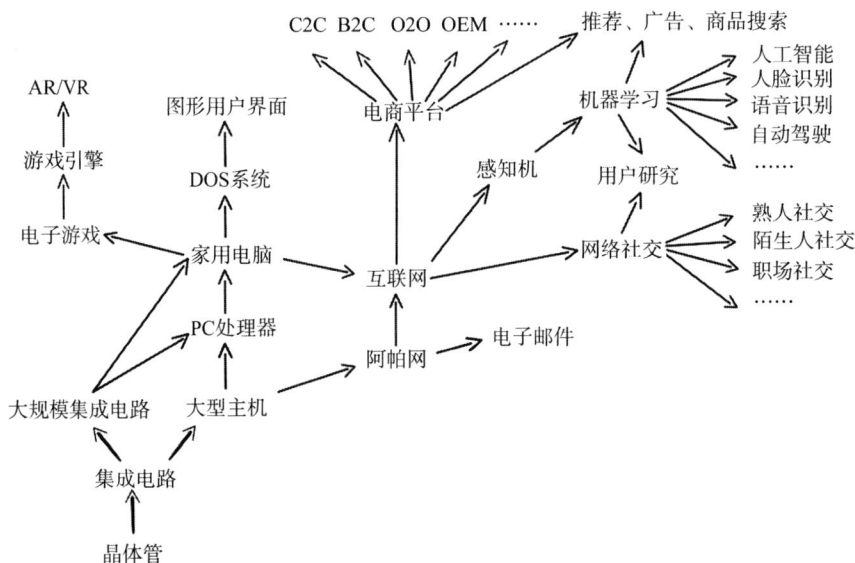

图 9-8 洞察不同领域的技术的创新和变革

2）互联网渗透趋势

我们希望借助互联网渗透趋势，在确定的方向上获得巨大的收益。互联网在进行渗透时并不是同时完成消费端、产业链条各环节的升级，它就像在一根长绳上做振动（见图 9-9），我们会发现消费端的发展明显比产业链条的互联网化要快得多，原因有以下几点。

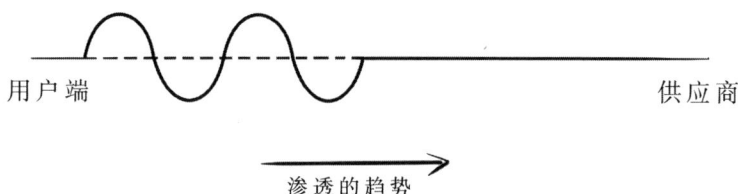

图 9-9 互联网渗透趋势

♫ 接纳成本不同。用户下载一款 App 的决策成本几乎为零，如果软件不好用删掉换一个就行。而改革企业的组织架构明显复杂，决策周期长，如果要和互联网进行深度融合必然会产生大量成本，这可能导致企业短期亏损且充满了不确定性。

♫ 逐步传递。互联网的本质是连接一切事物，它会先从简单的开始，然后逐步向复杂领域渗透。这就像一个浪潮从最初的浅滩登陆，初期享受到效能提升的节点会倒逼周边其他节点进行连接，渗透的过程就这样开始了。比如，移动互联网连接了大部分消费者和商家，针对同一品类，我们可以对更多的产品进行对比，最终选择质量好、送货快、服务好的产品。在这样的竞争压力下，上游供应商、物流网络会主动利用互联网改进自己，以满足用户需求。

♫ 缺少有效方案。产业链条上的企业自身不具有互联网的基因，而第三方互联网企业需要深入理解整个业务运行的模式，并且系统化地提供解决方案，这在无形中抬高了门槛。

互联网渗透趋势从消费端开始延伸到产业链的上游，我们可以通过调研绘制出一张战略地图，其中包含产业链条上各节点的客观渗透情况、存在哪些旧形态、未来互联网渗透后的理想形态是什么。我们可以基于这张战略地图制定体系化的解决方案，找到不同场景的优质创新企业，把它们加到生态系统中，共同推动变革，这个过程就像在拼图，制造业升级涉及的各个板块与合作伙伴共同打造蓝图（见图9-10）。

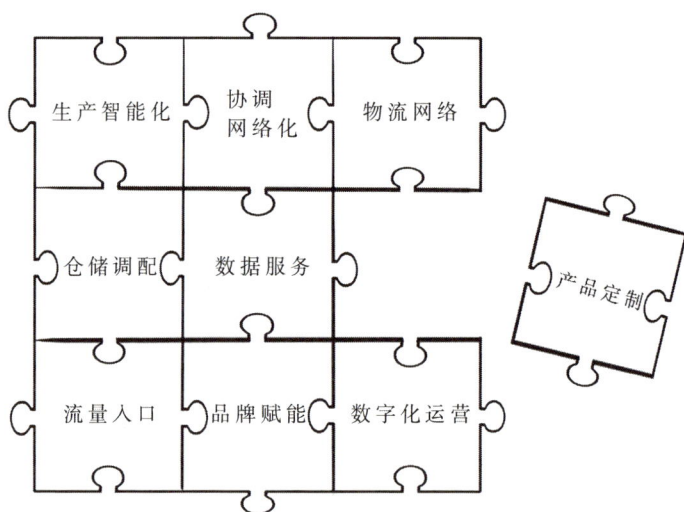

图 9-10　制造业升级蓝图

3）愿景故事

我们先从自身企业愿景故事出发，完整的愿景故事应该由一系列场景组成，需要多个产品组成的矩阵来覆盖。因此，我们可以把愿景故事作为一个生态目标，引导我们决定连接哪些潜力企业。

比如，马斯克的"火星移民计划"计划在未来50～100年将100万人送往火星定居。为了实现这个愿景，我们需要考虑以下问题：如何用较低的成本将人类运往火星；火星上的能源问题，因为我们需要正常生活；如何频繁地与地球进行沟通；出行和运送物资的问题；人类如何改造自身、提升智商，以更好地适应环境等。

围绕这个宏大的愿景故事，马斯克投资或创立了以下企业：太空探索技术公司、特斯拉、太阳城、"无聊公司"、超级高铁、脑机接口技术、人工智能、星链等。

太空探索技术公司能以更低的成本把人类运往火星，收购的太阳城提供可持续能源的解决方案，特斯拉、"无聊公司"和超级高铁负责火星上的交通工具，星链为星际间的沟通做准备，人工智能和脑机接口技术让人脑和电脑融合用于提高人类智商（见图 9-11）。马斯克在实现愿景的过程中并没有直奔最终目标，而是逐步完成，让上述企业的技术先运用于地球，技术成熟以后，解决资金的问题，未来在火星上开展计划。

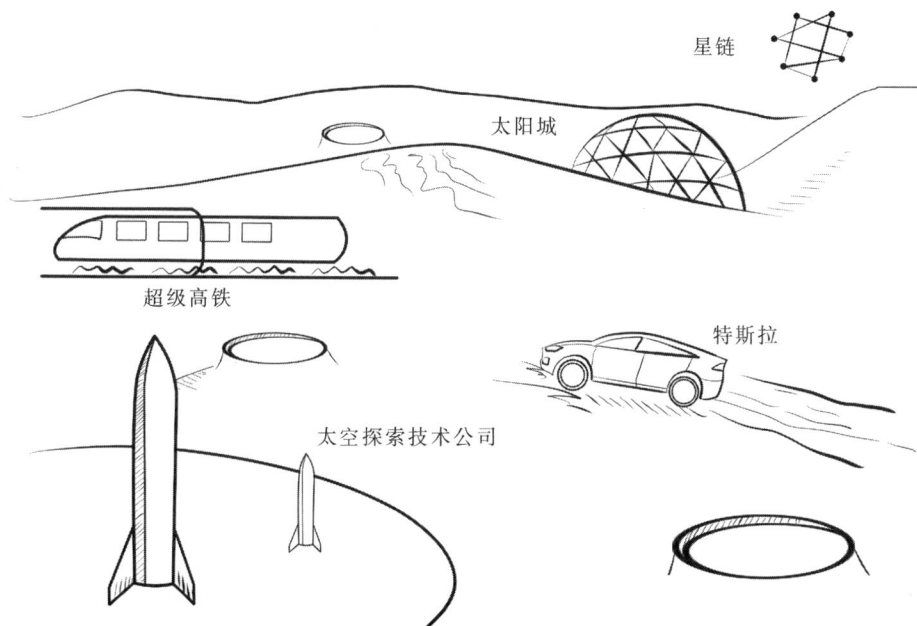

图 9-11　马斯克的"火星移民计划"

本章小结 如何制定产品战略

1. 价值点战略

价值点战略是指企业选择差异化切入，通过打透一个点取得可观的市场份额，这也是企业的生存"战役"。

（1）集中优势资源。我们需要确保在差异化点投入的资源远超竞争对手投入的资源，以获得局部优势。

（2）建立先发优势，在差异化领域抢占第一名的位置，进入持续的正向循环。

（3）观察局势并灵活调整打法。战略是一门艺术，需要指挥官充分利用当前的各类信息，根据企业的能力去制定资源利用最优化的战略。

2. 价值网战略

我们由一个价值点开始进行拓展，价值点组合连接以后能释放出更大的协同效益。

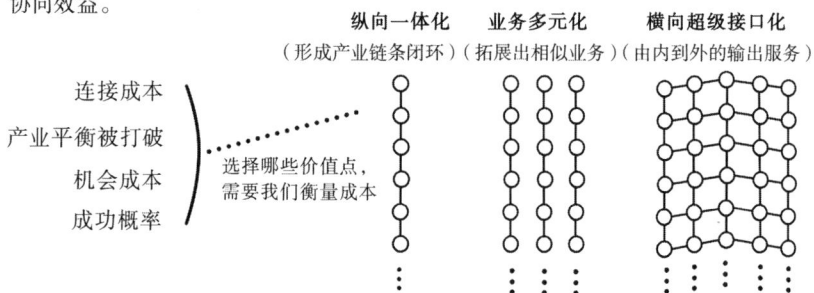

3. 生态战略

我们站在生态视角扩大视野，以前的价值网会成为生态的基础，在价值网之外散落着很多与业务相关度并不高的潜力点，这些潜力点有机会产生巨大价值。我们采用股权投资、战略合作的形式建立价值网和潜力点的连接，共同组成生态。

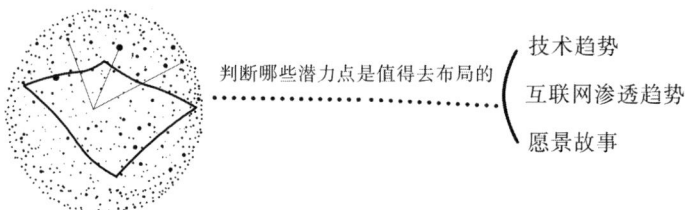

第 **10** 章

跨越周期的新物种

本章将分享产品方法论的最后一个主题"跨越周期"，任何一个产品都不可能永远不被淘汰，在这一刻发生以前，我们就要找到下一个周期的新物种。产品新旧周期交替对于市场巨头来说是生死存亡阶段，雨后春笋般的创业公司都希望抓住这个时机完成弯道超车。

面对这种情况，我们不妨先平复心情，将横跨数百年的各类产品的共性找出来，得到一些本质的规律，它们能让我们更好地面对未来的不确定性。虽然我们不知道新物种什么时候诞生、以什么形式出现，但我们知道不变的本质是什么，沿着这个方向运用某些模式去试错，加上无畏探索的精神，相信我们能够比竞争对手更快地捕捉到跨周期的新物种。接下来，笔者会从以下 4 个层面进行介绍，从本质规律出发到具体落地方法。

- ♪ 新旧周期的交替。
- ♪ 跨越周期的阻力。
- ♪ 如何跨越周期。
- ♪ 企业的兴衰。

10.1 新旧周期的交替

1. 产品的进化

产品也具有生命力，也会经历自我进化、"生老病死"。一个完整的产品周期包括种子期、萌芽期、成长期、成熟期、衰退期，如果我们长期观察，就能发现各个产品周期连接在一起，实现了产品形态和功能的进化。比如，移动端操作系统从 Palm OS 一家独大到 Symbian OS，再到苹果的 iOS 和谷歌的 Android 系统（见图 10-1）。

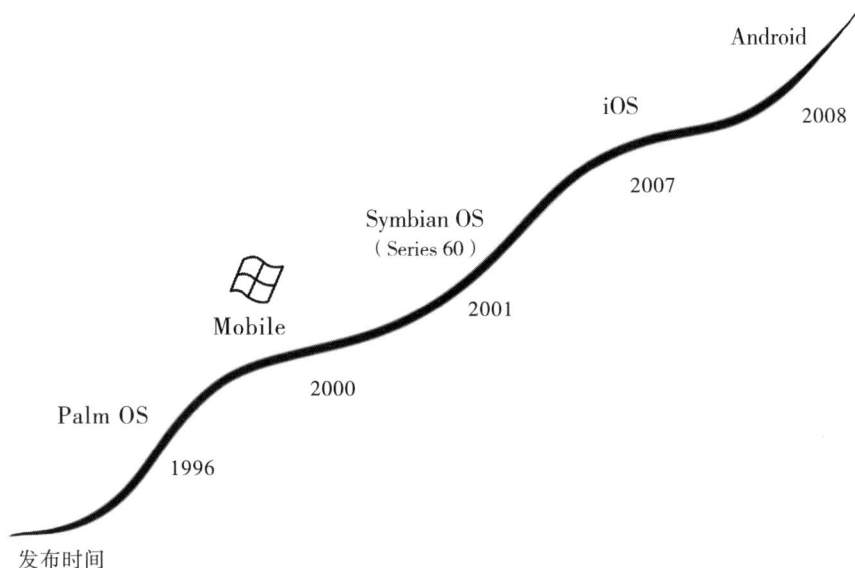

图 10-1　移动端操作系统的演进

受查尔斯·汉迪的第二曲线[1]和李善友教授的创新理论[2]的启发，笔者将基于不变的本质需求来探讨产品如何自我变革，以适应新周期。

既然产品在不断进化，那么我们是否也能从中找到类似达尔文进化理论中的基因、基因突变、自然选择的关键要素呢？基因是信息载体，在不断复制的过程中偶然发生的基因突变会让后代具有祖先们不具有的新性状，经过大自然的优胜劣汰保留了适合当下环境的物种。达尔文曾经列举过很多演化案例，比如植物开花，如果花的蜜腺发达且分泌的花蜜量多，就更容易吸引昆虫来传粉，完成异体受精，赢得杂交优势并具有更强的生存繁衍能力，与此相反的植物容易在大自然中被淘汰。

我们可以发现产品的"需求"类似生物体的"基因"，它的存在使交通、通信等工

---

① 查尔斯·汉迪：《第二曲线：跨越"S 型曲线"的二次增长》，苗青译，机械工业出版社 2017年版。

② 李善友：《第二曲线创新》，人民邮电出版社 2019 年版。

具能够跨越百年，仍被人们使用。同样，在市场中产品通过"技术更替""模式创新"衍生出了大量不同形态，类似生物体的"基因突变"。最终"用户"和"资本"承担起"物竞天择"的使命，前者通过个人行动、后者提供资金进行选择，不知不觉地完成了类似大自然筛选物种的过程（见图 **10-2**）。

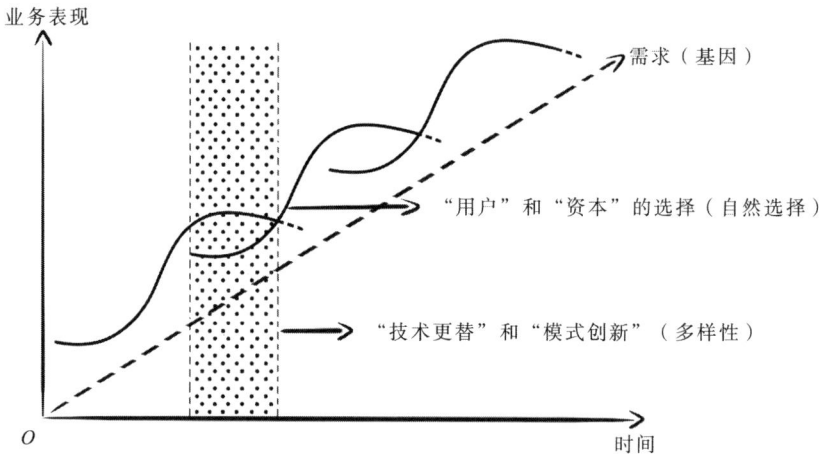

图 10-2　基于需求的产品进化

2．以积极主动的方式迎接新物种

笔者先为大家介绍一个概念——涌现，约翰·霍兰教授在《涌现：从混沌到有序》[①]中指出"涌现的本质就是由小生大、由简入繁，少数规则和规律生成了复杂的系统，而且以不断变化的形式引发永恒的新奇和新的涌现现象"。

涌现无处不在，如蚂蚁社群、羊群躲避狼群攻击、蜜蜂社群等。单个蚂蚁的行为非常简单，我们只要通过一些简单的规则就能描述它所有的行为，如果蚂蚁数量达到一定量级就会展现出惊人的智能，比如蚁群寻找食物始终能找到最短路径。我们来看

---

① 约翰·霍兰：《涌现：从混沌到有序》，陈禹译，上海科技出版社 2006 年版。

看它们是如何完成的，蚂蚁出发的时候方向是随机的，在爬行中它们会持续释放一种信息素标记路径，获得食物以后原路返回洞穴。因此，蚂蚁在线路短的路径上往返次数最多，能留下更多的信息素，蚂蚁本能地倾向于选择信息素多的路径，就这样蚂蚁大军慢慢地识别到了最短路径（见图 10-3）。①

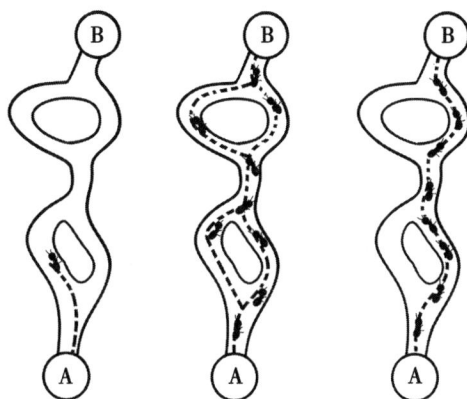

图 10-3　蚁群寻找食物的路径

　　认知科学家侯世达做过这样一个比喻，一只蚂蚁的智商水平并不高，它就像人脑的一根神经元。然而，众多蚂蚁组成群体以后，通过简单的规则进行信息交换，就变成了无数单个神经元组成的"大脑"，这个"大脑"也就拥有了智慧（见图 10-4）。

　　市场上的新产品不断诞生，它们也是涌现的结果，笔者认为马斯洛的"人类需求五层次理论"和亚当·斯密"看不见的手"揭露了涌现背后的"少数规则和规律"。人类这个庞大的群体被各种欲望驱动着，从底层需求开始向顶层需求不断满足，而大部分的满足是通过市场交易来完成的。在交易中，我们会主动获取市场信息并做出有利

---

① Peter Miller：*The Smart Swarm*：*How to Work Efficiently*，*Communicate Effectively and Make Better Decision Usin G the Secrets of Flocks*，*Schools and Colonies*（New York：Avery Publishing Group，2010）.

于自己的商品交换行为。

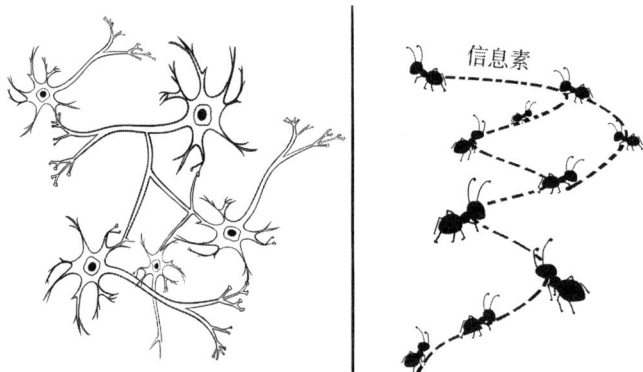

图 10-4　蚁群和神经网络具有相似性

新产品每天都在不断涌现，谁也不知道下一个新周期的"黑天鹅"是什么。当下，互联网企业的平均寿命为 3～5 年，我们越发期盼自己可以预知下一个代替现有产品的新物种是什么。虽然我们暂时没有这么强大的能力来实现精准预测，但可以在可能的方向上提前做准备，在内部开始创新变革，以更加积极主动的方式应对不可预期的"黑天鹅"。

10.2　跨越周期的阻力

跨越周期并不是新概念，互联网行业普遍都有这个认知，在这样的背景下各企业认为只要理论上做好充足准备，就能自如地应对周期。然而，事实并非如此，企业需要面对来自外部和内部的阻力，跨越周期的计划被不断搁置，当所有人都转变观点支持变革时，已经错过了最佳时机。

1）外部压力

互联网公司会借助外部资本进行扩张，资金通常来自机构投资人或股票市场。并不是所有投资人都和公司创始人一样看得那么长远，更多人只关注眼前利益，希望短期内获得高回报，实现个人收益的最大化。

处于成熟期的企业会持续打磨自身形态，努力适应当下的市场环境，内部流程、设备、人才都是量身定制的，希望让它们融为一体，发挥最大的效能，以更低的成本获得更高的利润。虽然企业处于良好发展态势，同时前期投入了高额的沉没成本，但创新产品在短期内没有任何营收，我们跨越周期的战略决策可能会受到市场、投资人的阻挠。同时，这类创新业务大概会面临失败，如果项目多次失利，那么管理者可能会被质疑，在这样的情况下管理者需要依靠自身的信念与智慧。

其他行业也存在类似问题，比如金融领域的基金经理即使在泡沫虚高的股市也会尝试博傻操作，虽然他们比普通人获得的消息及掌握的金融知识更丰富，但还是需要在外部压力下去跟进，否则短期业绩不佳会使投资人退出。

2）内部利益共同体

几个人的创业团队不存在明显的上下级关系，同事关系非常简单，然而这个模式并不会长时间保持，一旦团队人数增多就会形成一张巨大的关系网。我们每个人都有自己的想法、利益、目标，组织资源也是有限的，作为网上的一个节点与另一个节点产生资源争夺是很平常的事情。人们为了追求更大的利益，逐渐形成某些隐形的利益共同体。

这种利益共同体在产品跨越周期时会产生阻力，变革创新必然会"伤筋动骨"，涉及利益的重新分配，所有的关系都会被颠覆。当利益受损时，利益共同体成员会反对，因为他们此刻担心的是自身处境，不能清醒地考虑公司的长远收益，公司的战略进展也会因为得不到利益共同体的支持而放缓。

10.3 如何跨越周期

10.3.1 切入新周期的时间

跨越周期的时机很重要，启动计划过早或过晚都不合适。虽然周期中增长的惯性动力能让我们再持续"飞"一会儿，但是如果一直沉浸于当下产品形态带来的暂时性收益，那么惯性完全消失以后再采取对策，为时已晚。如果我们在公司核心业务"羽翼尚未丰满"时，贸然启动跨越周期的计划，也会使核心业务和创新业务无法全速迭代，从而留给竞争者机会。

那么，什么时候是最佳窗口期呢？查尔斯·汉迪认为当前产品处于第一周期曲线，形势向好、衰退开始前就考虑第二曲线[①]。结合笔者个人的理解，窗口期可以描述为**探索下个周期新物种的启动时间是成长期的增长率开始下降直到为 0 时**（见图 10-5）。此时，核心业务在自身运行过程中，没有过早地被分散资源，还能持续提供资金支持孵化新物种，增长率的下降是一个比较明显的警示，能让所有人有理由去同意我们的战略。

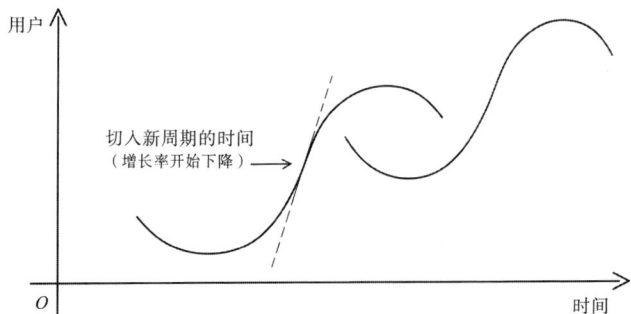

图 10-5 探索新物种的启动时间

---

① 查尔斯·汉迪：《第二曲线：跨越"S 型曲线"的二次增长》，苗青译，机械工业出版社 2017 年版。

很多时候，增长率的下降可能是由其他因素导致的，我们需要精准识别，比如自身战术层面的执行不到位使增长率下降。这种情况为切入时间蒙上了面纱，就像在股票市场你可能认为自己目前在谷底，而两年以后回头看其实是在半山腰。**我们要解决这个问题需要有自己的见解和经验**，一位富有远见的将军早年接受了军事教育、拥有多年战场阅历，这些都可以帮他建立起丰富的认知模型，当他再次遇到相似的信息片段时可以获得超感官知觉。

10.3.2　从本质需求出发

在面对不确定的未来时，我们容易感到焦虑，被迫跟随竞争对手去追逐各类新概念，消耗不必要的精力并失去目标。此时，我们需要锁定一个不变的方向，沿着这个方向积极试错，捕获下一个周期的新物种。

1．不变的需求和变化的手段

1）不变的需求

一种类型的需求是可以穿越上千年的，历经朝代变化和科技革命。比如，人类期望拥有更快的交通运输工具，公元前 3500 年，美索不达米亚人发明了轮子，这让货物可以轻松地被运输到远方，人类也因此能够进行更大范围的探索和发现。现在，我们通过飞机几个小时就能完成货物的运输，也能让自己到世界各地旅行。虽然时间大幅缩短，但这类需求并没有就此终结，也许在不久的将来我们会搭乘太空探索技术公司的猎鹰火箭抵达火星，开始奇妙之旅。

2）变化的手段

我们会发现满足需求的手段在不断变化，它几乎融合了每个时代的核心技术、商业模式，让用户的需求得到更好的满足。**需求有一种无形的牵引力，让技术、商业模式围绕它螺旋向上、持续创新，最终通过产品的手段得以表达。**

2．把握本质需求

在充满竞争的周期更替时期，我们需要利用好这条本质不变的主线，有的放矢地完成产品的革新，它就像迷雾中的灯塔，只要我们朝着这个方向不断试错，就可能优先于竞争对手。

在这个过程中，我们需要清楚地识别提供给用户的产品中哪些是手段、哪些是本质需求。我们基于不变的本质需求，结合最新的技术和模式进行新物种尝试，衡量标准可以是"在需求的满足度上能否带来质变"，而不能单纯地追逐热门的黑科技，不考虑与核心需求的相关性。比如，便捷、舒适、安全的外出旅游一直是人们的需求，早期我们只能通过线下询问的方式，了解旅店是否有空余房间。电话出现以后，大型酒店陆续推出电话预订服务，旅行者对陌生的地区了解较少，酒店、机票的预订流程比较复杂，这就催生了旅行社分销模式的发展。网络时代来临以后，一大批新形态的产品接踵而至，如 Expedia 在线预订服务、搜索比价工具、旅行推荐点评网站、旅游攻略等。

10.3.3　创新思路

我们沿着本质需求这条主线探索，让新物种变得有迹可循。现在我们自上而下地推动变革，使用一种"组合+递归"的创新方法，增加找到新物种的概率。

1）自上而下地跨越周期

大家可能有些疑惑：为什么不是自下而上呢？生物进化都是以多样性和优胜劣汰

进行自我演进的，在企业内部怎么就难以实现呢？首先，环境不同，自下而上地演进需要足够大的生态环境和充足的时间，企业很难具备这些条件；其次，自下而上地创新更加偏向于发展多元化方向，帮助自身同时在多个新领域获得空间。现在，企业要承担起为核心业务找到下一个周期的新物种的任务，完成自我升级，并非开启多个全新方向。

企业核心业务在跨越到新周期的过程中需要一个灵魂人物，他能够对当前业务及未来趋势透彻洞察，让大家围绕在一个新愿景周围，对整体业务战线达成统一，最终"破茧成蝶"。微软成功转型云服务、iPhone 和 iPad 的成功都源于顶层自上而下的设计。

2）"组合+递归"的创新方法

人类创新的本质来自对已有事物的组合，美国奥克利教授研究发现，大脑产生创意的过程是从我们已有的长期记忆中提取出和当前问题相关的各类信息，然后存放到短期记忆里。新信息进入大脑的短期记忆以后，会像弹珠一样与这些旧信息碰撞组合（见图 10-6），形成浮现在我们脑海里的创意想法。[1]

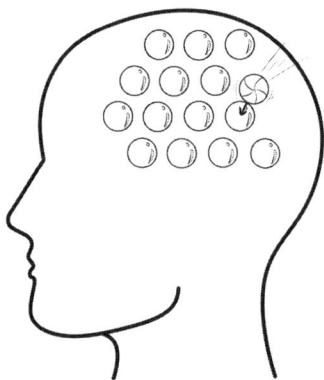

图 10-6　新信息与旧信息碰撞组合

---

[1] Barbara Oakley：*A Mind for Numbers*：*How to Excel at Math and Science*，2014.

我们从人脑的工作原理进行延展，运用在需要处理的目标对象上。**我们对已经存在的旧目标对象进行模块拆解，然后对模块单元进行组合，当遇到创新无法实现时继续拆解为更小的单元结构，采用"组合+递归"的方法获得创新。**

（1）组合。我们将目前的业务进行模块化细分，通过调整顺序、简化、跨界替代的方式对模块进行重组。重组就表示有收益也有损失，在这个过程中我们需要不断地给出预判，评估调整带来的投入产出情况，在持续组合中，获得最优方案。

① 调整顺序。我们对拆分后的模块重新进行审视，了解哪些模块之间存在并行、串行、前置等关系，找到其中的劣势，变更已有的业务流程，提高效率。比如，苹果线下体验店，将购买和体验的顺序进行调整，由付款以后再使用切换成线下试玩、参与互动、感受产品理念，让用户一步步成为粉丝，最终产生强烈的购买意愿。

② 简化。我们思考的应该是"去掉它有什么好处"，而不是"去掉它我会损失什么"，这非常关键，因为前者是在激发我们的创造力，我们可以后续再考虑损失，通常情况下都能找到弥补方式。

比如，手机去掉 Home 键，好处是可以采用全面屏设计，带给用户沉浸式体验，我们可以使用丰富的交互手势来替代 Home 键的原有功能。如果我们先衡量损失，去掉 Home 键显然会影响用户使用手机，它是刚需不能去掉，那么这样的思考方式只会让我们停留在原地。

③ 跨界替代。我们需要引入更多的新事物与内部模块进行组合，如果有来自跨界的新生事物能更好地实现功能，那么可以新增或替换已有旧模块。比如，传统零售人力成本在 45% 左右，并且对用户行为数据的掌握和运用都不够。我们将跨界的生物识别和行为识别技术与传统零售相结合，让其成为服务年轻一代的无人零售，取代目前的人工服务，从而大幅降低销售成本。

（2）递归。如果我们把产品拆解成一个个模块以后，在当前层级没有找到创新的机会点，就将子模块通过同样的方式继续向下拆解，并且使用组合中的调整顺序、简化、跨界替代的方法探索创新（见图 10-7）。

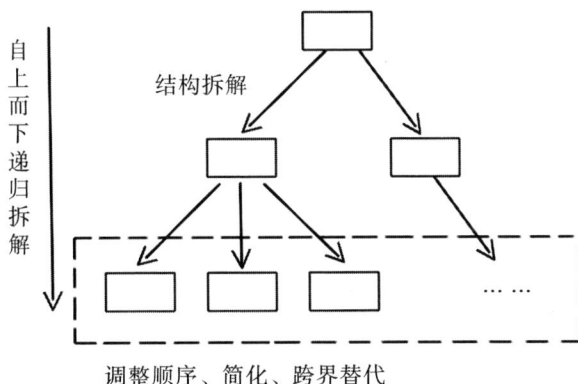

图 10-7　使用"组合+递归"的方法进行创新

10.3.4　探索新物种

在自上而下的创新过程中，我们可以把"组合+递归"的创新方法运用在技术更替和模式创新上，探索新物种，如图 10-8 所示。前者依靠大的趋势去寻找并构建较高技术壁垒，后者集中在玩法模式，可以给用户带来高价值。

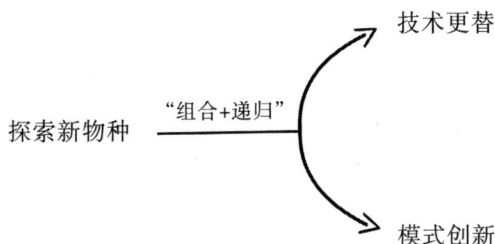

图 10-8　将"组合+递归"运用于技术更替、模式创新

1. 基于技术更替的新物种探索

1）技术更替规律

如果我们回顾跨时代的技术演进历程，观察更替的规律，就可以发现它们通常有以下特征。

（1）前置性。 每项技术都会有自身的前置技术，不会凭空出现。把所有技术诞生所依托的前置技术连接在一起，就会形成一个网状的图形。比如，日常生活中使用的计算机核心处理单元 CPU 依赖于半导体技术、光学技术等，在半导体技术不断取得突破时，CPU 处理性能会成倍增长。

（2）相关技术螺旋式上升。 技术服务于产品需求，在这样的前提下，一项技术的产生会促使人类去提升相关领域技术，形成螺旋式上升。就像 CPU 计算能力的提高，使我们能够运行更复杂的程序，此时内存、显卡、散热系统、操作系统成为制约因素，都会被推动升级以满足需求。

（3）技术和理论相互促进。 虽然我们在最初使用某种技术的时候，可能根本不了解底层的理论知识，但并不妨碍应用。回顾历史，蒸汽机的发明早于热力学的理论研究，可当时蒸汽机的效率始终不高。技术提升遇到瓶颈时会反向要求加强理论研究，一旦理论研究成果得到突破以后，科技就会迎来质的飞跃。

2）探索新物种

基于技术趋势，我们可以绘制自身产品所涉及的技术图谱，了解技术之间的相互依赖关系、当下最先进或正处于萌芽阶段的技术是什么、它们相互结合又能带来什么应用变革。接下来，我们拆解产品功能，结合技术图谱利用"组合+递归"的创新方法打造新物种。比如，苹果公司自推出 Apple Watch 以来，将其拆分为屏幕、芯片、应用软件、交互体验、表壳等功能单元，将已有或新出现的技术进行重组，持续探索，产生新价值。

♫ 屏幕。从刻意抬手点亮到全天候视网膜显示屏，Apple Watch 使用了 LTPO
   技术将 LTPS（低温多晶硅）和 Oxide（氧化物）两种元器件组合在同一
   像素中，使屏幕在全天候常亮的状态下，也能拥有同样的续航时间。

♫ 芯片。AppleWatch 不断融入各类新型传感器、升级处理器芯片、补充 LTE
   蜂窝网络，从初期的手机辅助设备升级为围绕个人健康的独立穿戴设备。

♫ 应用软件。从第一代向朋友发送心跳、屏幕画画转变为运动、健康等更加
   贴近用户人体的应用功能，真正实现和手机的差异化。

♫ 交互体验。为了让用户在小屏幕中完成复杂操作，由初代的旋转表冠转变
   为表盘小组件，大幅降低操作成本。

♫ 表壳。除了铝合金、不锈钢材质，Apple Watch 还引入了新的工艺技术——
   钛金属和陶瓷，满足用户的个性化搭配风格。

3）检验物种

我们需要进一步判断自己的产品方案是否为新物种，主要采用的衡量标准为本质
需求能否带给用户大一个量级的价值提升，这也是 GoogleX 实验室一直在奉行的 "以
跳跃性的改进，让世界变得更好"。如果满足该条件且技术的可行性较高，我们就可以
把它纳入候选集，初期寻找相关技术企业共同打造新物种，以更低的成本和他人已有
的技术沉淀在该方向上小步快跑。

2. 基于模式创新的新物种探索

1）在模式创新中寻找新物种

模式主要由产品价值、用户人群、渠道、客户关系、收入模式等 9 个关键模块构
成，分析竞争对手的商业模式，找到产品制约点。针对这些制约点，我们使用 "组合+
递归" 的创新方法调整不同模块中的元素，使新模式能在 "带给用户价值" "增长引
擎" "节省成本" 的某些方面发生质变。我们需要理解 "下一个周期新物种" 是 "差异

化"的一种，新物种带来的变革并不是商品能够在现有市场取得一席之地，而是对整个行业产生颠覆性的冲击。比如，以"万能"著称的淘宝拥有众多 C 端商家，用户在淘宝上没有买不到的商品，此时的淘宝如同商品的搜索引擎，大部分的收入来自商家的广告费用，这个模式带来的缺点是很难让商品压低售价，毕竟推广的费用需要计入商品的成本中。而拼多多采用了截然不同的模式——"薄利多销"，通过社交关系链任何人都能随时随地发起团购，动员身边的朋友、亲戚共同加入，这个过程产生了巨大的流量，低价策略吸引了大量参团用户，商家也在销量增加的情况下获得了丰厚的利润。

2）模式创新打法

商业模式上的创新主要是快速扩张和逐步构建壁垒，很少涉及较高的技术门槛，其他具有实力的互联网巨头都能克隆。

（1）快速扩张。 我们要建立先发优势思路，获取领域制高点去吸引行业资金、人才。我们在初期通过小步快跑的方式寻找自身业务的增长引擎，以快速增长的趋势作为支撑，持续完成多轮融资，让这个循环高效运转起来。与此同时，创业团队可以寻找该领域有资源的投资人，成功投资以后他们会帮创业团队进行资源整合，形成多方合作，加速业务扩张。当占据一定市场份额时，我们融入互联网巨头的阵营将获得进一步的协同网络效应。

（2）逐步构建壁垒。 初期模式创新很难具有技术上的壁垒，我们可以考虑从以下3 个方面逐步构建。

① **心智模型。** 在进入相应领域时，我们要先占领用户心智，这是天然屏障，竞争对手后续需要花费很大的力气才能改变用户原有的认知。

② **疯狂创新。** 如果我们像一只疯狂奔跑的鸵鸟，让竞争者始终比我们慢半拍，那么我们无形当中赢得的时间就会变成壁垒，让对方无法从正面超车，比如字节跳动自身迭代的速度比同行的速度快很多。

③ **迁移成本**。用户在平台上的数据、资产、成就等转移到竞品会产生成本，我们可以考虑在用户和平台之间打造更多服务接触点，比如印象笔记，当我们把笔记之外的人脉关系、个人资料相继存储到应用中时，迁移成本会呈指数级增长。

10.4 企业的兴衰

了解了跨周期寻找新物种的方式，我们最后从自然选择的角度看看企业兴衰的本质，以一种敬畏的心态参与其中。

1）兴衰让生态更健康

我们先来看一份市场数据，1926—2015 年，美国一共上市了 25 000 多家公司，然而到 2015 年年末，仅有 4000 多家公司还存活着，80%以上的上市公司已经销声匿迹了。另外，根据 Innosight 的数据研究预估，"标普 500 企业"（美股市场挑选的 500 家可以代表各个领域产业的龙头企业）平均上榜时间预计从 2016 年的 24 年减少到 2027 年的 12 年（见图 10-9）。

如果我们站在企业家个人的角度来看待企业的兴衰，那么耗费毕生精力创建的企业被残酷地淘汰，是让人无法接受的。然而，美国整体的经济发展并没有因为这些企业的衰亡而滞后，反而发展得更快、更健康（见图 10-10）。可以说，单个企业由于竞争失败在市场中被淘汰是有利于整体生态发展的，这就相当于大自然的物竞天择。如果企业在不适应当下环境的情况下，还能维持长期存活，那么整个生态资源的利用效率并没有最大化。

“标普500企业”的平均榜单更替周期

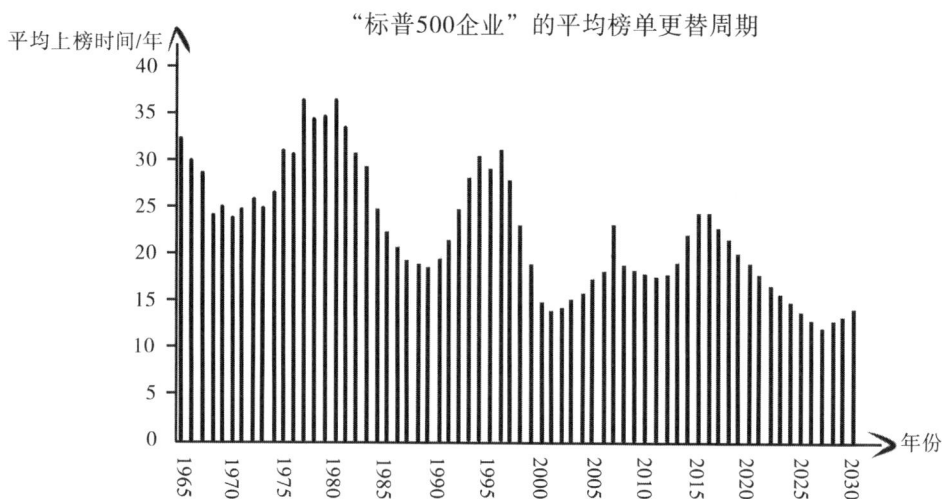

图 10-9　未来头部企业淘汰速度增快

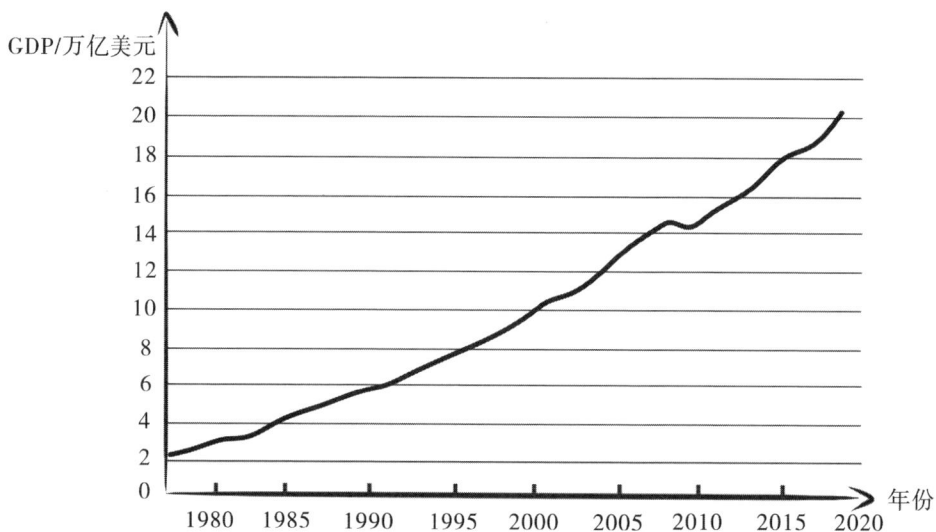

图 10-10　美国 GDP 持续增长

　　在企业的生存竞争中，以前的巨头、上市公司或刚起步的创业团队都站在同一条起跑线上，用户会通过自己的选择进行无形的投票，投资人会根据企业当下的增长速度和未来的天花板挑选最好的物种提供资金支持。

2）大自然的最优算法

生命个体没有永生的能力是大自然演进的结果，在基因突变的过程中也许短暂诞生过接近永生的形态，可是最终还是被大自然淘汰了，它和随时变化的环境存在悖论，这是生物体和大自然在进化中摸索出来的最优方式。

同样，我们把人类文明的演进看作一种算法模型，这套算法模型在不断地自我迭代升级，而企业的周期衰退正是它摸索到的时间最短、成本最低的演进路线。如果从演进的成本上考量，那么一个极其适应当下环境的企业在环境发生变化时，需要改变自身团队成员的认知结构、业务模式、关键技术等，难度、时间、成本都是极高的。我们根据美国"标普 500 企业"替换率的数据也可以验证，企业跨越周期的成功率非常低；相比之下，新创业团队是基于新环境成长起来的，本身拥有全新的认知，业务模式也是从无到有搭建的，显然他们没有沉没成本牵制，受到的阻力更小，在新环境中容易"野蛮"生长。

除了产品周期，还有经济周期、技术周期、产能周期等，它们也都是在文明演进过程中自然形成的。希望在进一步了解周期运行的底层规律以后，我们能获得更多理性的解读，不将成功归因于自身，同时能为下个周期做充足的准备，避免沉浸于欣喜，也能在失败时自我接纳。在我们看到退休的父母不会使用 iPad、人工智能产品时，希望我们能够理解这是时代周期的更替，几十年以后的我们何尝不是这样呢？

本章小结 如何寻找跨越周期的新物种

1. 新旧周期的交替

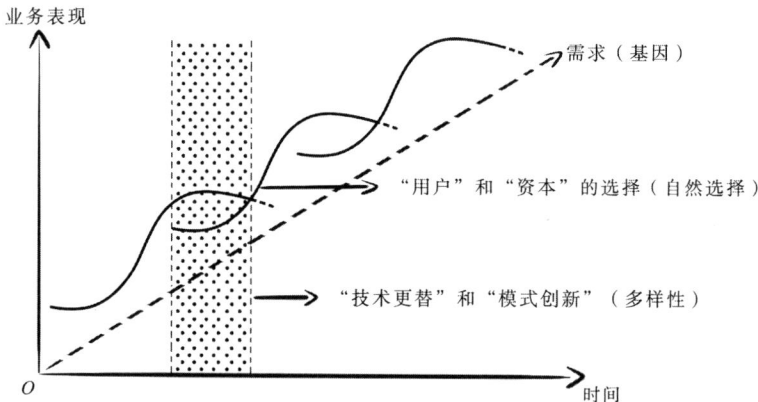

2. 跨越周期的阻力

外部压力	（1）并不是所有投资人都和公司创始人一样看得那么长远，更多人只关注眼前利益。 （2）企业打磨自身形态，努力适应当下环境，同时投入高额的沉没成本。
内部利益共同体	变革创新涉及利益的重新分配，当利益受损时，共同体成员会反对，因为他们此刻担心的是自身处境，不能清醒地考虑公司的长远收益。

3. 如何跨越周期

切入新周期的时间	业务增长率开始下降是一个比较明显的警示
⬇	
从本质需求出发	基于本质需求，积极主动试错
⬇	
创新思路	自上而下地使用"组合+递归"的创新方法
⬇	
探索新物种	基于技术更替和模式创新探索新物种，前者依靠大趋势和技术壁垒，后者通过玩法模式带来颠覆性的价值

第三部分

产品经理的自成长

第 11 章

产品经理的思考力

思考力是产品经理的软实力，在很多时候是没有办法直接进行比较的，常常被人们忽视。如果我们把第二部分的业务方法论比作一辆跑车，那么思考力就是赛车手，关键时刻做出不同的判断和决策，决定最后去哪儿。产品经理工作一些年以后，很大程度上就是在比拼思考力，需要做出正确的决定，带领团队成员取得新的突破。

那么，如何提升思考力呢？我们可以建立自己的思维方式，从实践中提炼总结，对抽象出的思考步骤进行运用和优化，这是一个不断循环和积累的过程。接下来，笔者会从深度、广度、高度 3 个层面为大家分享常用的思维方式，便于大家投入日常工作，从而取得进步。当然，本章内容不可能包含所有的思维模型，希望大家在感悟和实践以后，获得一定的基础认知，然后在未来持续构建个人独特的思维方式。

♪　深度——洞察问题的本质。

♪　广度——结构化思维。

♪　高度——复杂系统思维。

11.1　洞察问题的本质

1. 产品经理为什么需要洞察本质

产品经理日常的工作如图 11-1 所示，包括水面以上的可见部分，如原型设计、文档撰写、项目推进等，具有显性化，也有明确的逻辑和流程，产品经理只要保持一种学习的心态并进行持续的训练，就能交出高质量的成果。除此之外，大部分的工作潜藏在水面以下，很多时候是看不见也摸不着的，在这种情况下产品经理需要有洞察问题本质的能力，否则很难直击要害。首先是需求，需求喜欢躲在用户的内心深处，隐藏得极好，可能连用户自己都不知道是否有需求，产品经理需要洞察用户的内心，让产品功能搭建在一个牢固的地基上。然后是用户情感，产品经理为了让产品功能、交互更具温度，要观察用户的操作行为并分析客观数据，还原不同场景下的内心情绪，设计富有情感的功能。除此之外，还有产品方向，产品经理要理解事物运行的内在规律，掌握必然趋势，顺势而为。

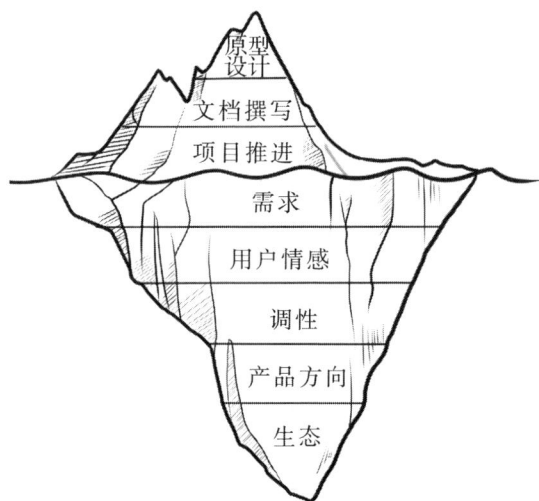

图 11-1　产品经理的工作

2．洞察本质的方法

针对水面以下的部分，产品经理要利用相应的工具，能够透过表象看本质。笔者给大家分享一种非常实用的方法，那就是**不断追问自己"为什么"，这是一个不断逼近真相的过程，产品经理可以在找到满意的答案以后停下来，如果不确定就连问 5 个"为什么"**（见图 11-2）。这种方法的最早提出者是日本发明家丰田佐吉，这种方法已有 100 多年的历史了，如今仍被广泛使用。

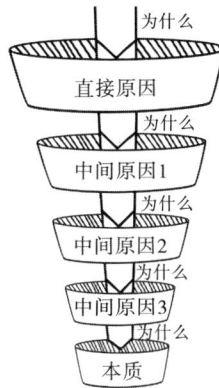

图 11-2　通过问"为什么"洞察本质

举一个例子，在热点专题项目上线以后，产品经理通过分析数据发现效果不明显，并没有达到预期。这时，产品经理就可以采用上述方法进行探索，结果也许和产品经理的第一直觉有很大不同（见图 11-3）。

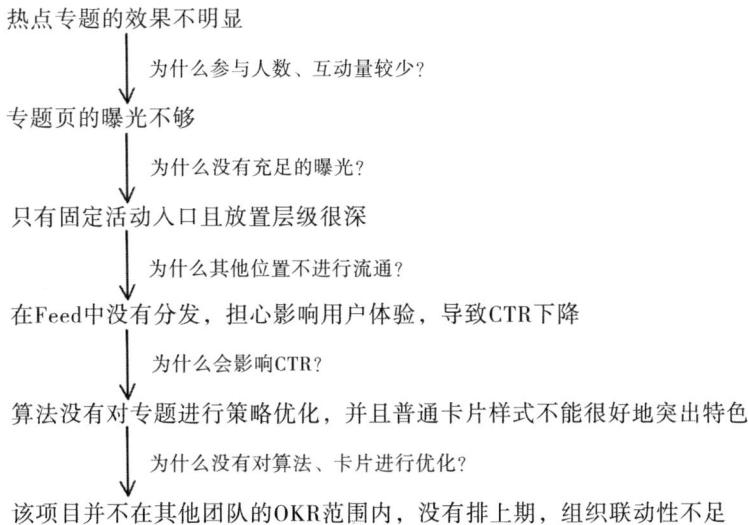

图 11-3　探索热点专题项目存在的问题

我们在通过问"为什么"去发掘问题本质时，需要注意提问、回答的技巧，否则会使探索方向偏离，找不到有效本源。

1）提问

提问应该侧重于当下最棘手的事情，不要随意锁定方向，否则相当于我们认定了某个因素，回答就没有了实际意义。比如，产品经理在热点专题项目中提出"为什么不强化固定入口的视觉效果"的问题，这个问题直接把方向锁定在交互体验上，因此后续工作都是在错误的方向上进行的，和本质原因相差甚远（见图 11-4）。

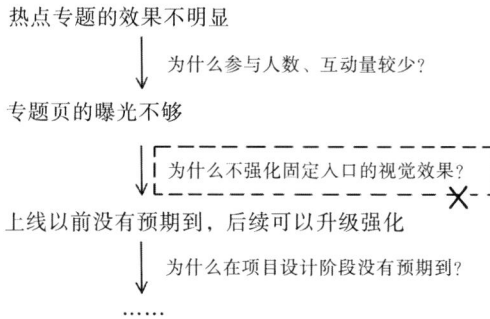

热点专题的效果不明显

　　　↓　为什么参与人数、互动量较少？

专题页的曝光不够

　　　　为什么不强化固定入口的视觉效果？　　✕

上线以前没有预期到，后续可以升级强化

　　　↓　为什么在项目设计阶段没有预期到？

　　　……

图 11-4　提问不合理导致无法获取本质原因

2）回答

针对问题给出答案时，产品经理需要基于具体业务去回答，如果毫无约束，就会涉及宏观大环境等，这些是我们没有办法解决的问题，最终不了了之。比如，"产品新功能使用人数偏少，是因为产品整体 DAU 本身就不高"，该回答属于短期内不容易改变的，没有实际意义，产品经理应该正面回应在当前实际情况下可以优化的业务点（见图 11-5）。

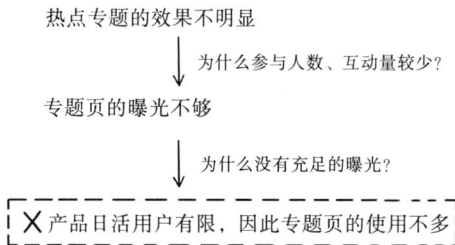

热点专题的效果不明显

　　　↓　为什么参与人数、互动量较少？

专题页的曝光不够

　　　　↓　为什么没有充足的曝光？

✕产品日活用户有限，因此专题页的使用不多

图 11-5　回答偏离具体业务

11.2　结构化思维

分析完思考的深度，接下来我们来探索思考的广度。产品经理站在各个业务角色的中间，属于资源管理角色，即平行管理。我们依赖自身思考力，用数据和逻辑支撑愿景故事，使团队各业务角色拧成一股绳。如果产品经理缺乏结构化思考，一直采用散点思维，想法之间都是孤立无联系的点，就会在实际工作中碰壁。比如，产品方案缺乏体系化打法，很难在项目间形成合力；在需求评审会中，前后思考点独立，无法形成相互支撑，大家对方案不认可（见图 11-6）。

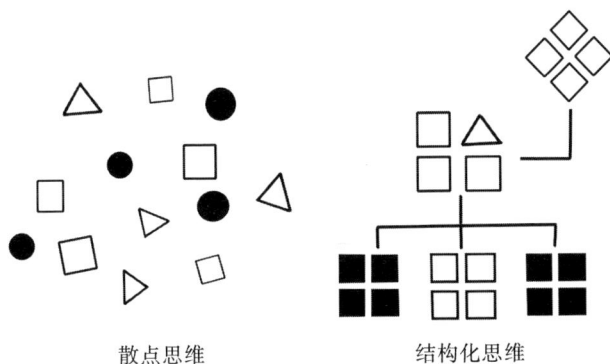

散点思维　　　　　　　　　　结构化思维

图 11-6　散点思维和结构化思维

我们需要从散点思维切换到结构化思维，使思考结论是完整的、有组织脉络的。结构化思维是指在面对问题时，产品经理按照一定的逻辑进行多维度思考，获取周密的解决方案。产品经理在平时工作中接触比较多的是 STAR、4P、SWOT 等模型，它们都是基于结构化思维在不同场景做的应用细化。笔者并不打算分享这些模式，因为产品经理在工作中遇到的场景总是层出不穷的，只有理解底层原理以后，才能运用自如。**结构化思维是由 MECE 原则和逻辑结构构成的**，如图 11-7 所示。

MECE原则　　　　＋　　　逻辑结构

相互独立　　　　　　　时间/空间序

完全穷尽　　　　　　　二分或四象限

　　　　　　　　　　　层级关系

　　　　　　　　　　　业务逻辑

图 11-7　结构化思维的构成要素

↻ **MECE**（Mutually Exclusive Collectively Exhaustive）**原则**。它是由芭芭拉·明托提出的，包含两点内容——各部分之间相互独立、所有部分完全穷尽。[①]意思是我们在面对问题寻找解决方案时，需要保证不同策略间是完全独立的且不遗漏。比如，我们在制定提升 WAU 产品策略时，使用独立、穷尽方式保证思考的全面性。WAU 由本周新用户、上周留存用户、召回用户构成，它们相互不重叠且穷尽，我们针对这 3 部分制定产品策略可以保障有效性。

↻ **逻辑结构**。MECE 原则保障了思考的全面性，此时产品经理需要进一步在思考时引入逻辑结构，让结论更具层次性和可理解性。逻辑结构是由若干个单元通过某种关系连接在一起的，分为时间/空间序、二分或四象限、层级关系、业务逻辑（见图 11-8）。首先是**时间/空间序**，方案在时间、空间上呈现出先后或方位的排列顺序。其次是**二分或四象限**，按照坐标系的方式，先对坐标进行自定义，把方案拆解放入其中进行分析。然后是**层级关系**，方案会有父子关系，多个并列的子项基于一个源头。最后是**业务逻辑**，有些和业务强耦合的方案很难按照以上通用的模式进行结构化，我们可以直接借助业务逻辑进行构思。

[①] 芭芭拉·明托：《金字塔原理：思考、表达和解决问题的逻辑》，汪洱、高愉译，南海出版社 2010 年版。

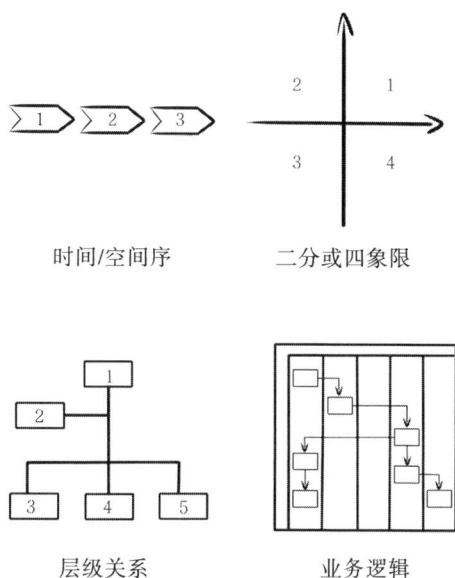

时间/空间序　　　　　二分或四象限

层级关系　　　　　业务逻辑

图 11-8　常见的逻辑结构

现在，我们结合 MECE 原则和逻辑结构来解决一个问题——如何提升用户在注册页面的成功率。我们优化整体的体验，可以按照用户注册前、注册中、注册后的时间顺序逐一进行优化（见图 11-9）。

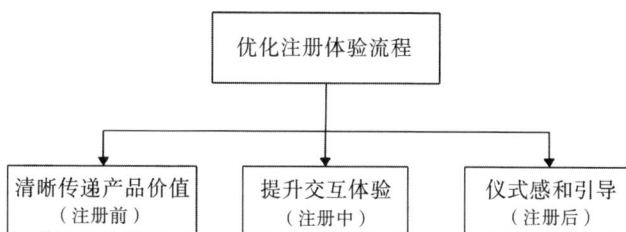

图 11-9　采用结构化思维提升用户注册成功率

⚐　清晰传递产品价值，让用户一下就明白产品能给他带来想要的好处。

⚐　提升交互体验，用丰富的示例和外显规则减少用户不断试错。

⚐　用户成功注册以后，能感觉到仪式感，并且能了解到这里可以干什么、怎么玩。

11.3 复杂系统思维

我们在面对错综复杂的事情时，需要提升思考的高度，从全局的角度来处理问题。我们要把对象视为统一的整体，考虑模块间的相互连接作用，在此基础上寻找系统的杠杆点解决问题。

1．线性思维的局限

产品经理对交互改版、流程优化、新增功能模块都可以较好地处理，可是在处理创作生态、整站活跃、用户留存等项目时，以往的手段貌似都失灵了，或者短暂的提升以后很难改变问题的本质。如果我们对前者和后者进行比较，就会发现前者属于线性的简单因果，只要产品经理采用线性思维找到原因就能有效地解决问题；后者事物较为复杂，看上去没有直接的"因"，却又有很多的"果"，各个要素网状连接交织在一起，多种变量都在共同起作用。

产品经理缺少认知复杂事物的方式，容易迷失在系统内部的连接中，最后随便选一个，显然有时没那么幸运。如果产品经理能搞清楚内部的连接关系并找到起作用的杠杆点，就不用纠结选择哪一个，这样就能省去试错的资源成本且高效完成既定目标。

我们通过一个"成长陷阱"的例子进一步感受线性思维和系统思维的不同。

面对未来的不确定性，我们会开始焦虑，从而产生一种紧张感，本质是自我提醒功能，让我们敏锐察觉到潜在的危机，促使我们快速成长。然而，大多数时候我们每天都在面对以下场景。

到了公司，在茶水间泡上一杯咖啡，咖啡浓郁的清香让人心情舒畅。

PM（产品经理）：咱们的重构项目进度正常吗？

RD（研究工程师）：正常，不过有个地方可能需要你确认一下。

……

午饭过后，

PM：估计我们的交互稿要调整，有个点研发同事不好实现，成本太高。

UI（交互设计师）：刚开完会，我们碰一下吧！

……

Leader：用户反馈了一个问题，我转给你。另外，上次沟通的改版方案可以看了吗？

PM：方案正在产出，估计周五完成，我约一下你的时间。

完善需求文档中……

晚上九点。

QA（测试工程师）：你验收一下主流程的 case，没有问题的话就准备上线了。

半小时过去了……

PM：我看了，都是可以的，上线吧！

晚上十点，上线邮件发出以后，我们拖着疲惫的身躯回到家中。

伴随着每天的忙碌，我们内心对未来成长的焦虑逐渐消失，放松紧绷的神经。我们已经没有额外的精力了，只想好好放松。

这时，问题就出现了，我们陷入了一个"陷阱"，真正的焦虑来自成长缺失，而我们通过重复的劳动在缓解焦虑。我们采用日常的线性思维很难跳出这个"陷阱"，下面我们基于该案例通过系统思维的方式寻找解决方案。

2．系统思维的内部联系

一个系统由元素和相互之间的连接构成，彼此作用形成一个有机整体，服务于某个功能或目标。缺少连接的散落元素是无法构成系统的，沙堆是一个复杂的系统，沙粒之间互相挤压，形成堆的形状。如果我们取出其中一粒沙子，那么现在只有元素而没有连接就不再是系统了。

基于上述例子，我们绘制一张复杂系统的剖析图，寻找其中的杠杆点进行调整，走出循环，获得个人成长。

1）划分系统边界

我们需要根据自己的目的来清晰地划分边界，系统的影响因素数不胜数，我们可以排除影响不大、不可控的因素，这样更有利于找到可实际落地的方案。

2）寻找元素

元素是系统中的重要组成部分，它可以是现实生活中看得见、摸得着的物品，也可以是虚拟形态。我们最好对元素采用名词描述，否则容易使系统图冗余难懂。

此外，我们需要尽量找到齐备的关键元素，避免方案考虑不周全。我们可以选择自己认为最核心的元素作为起点，用因果关系进行遍历，找到它的驱动元素和被它驱动的元素，采用这种方式覆盖系统中的所有关键点。在"成长陷阱"案例中，我们可以抽象出 4 个关键元素，如图 11-10 所示。

忙碌状态　　　　学习和思考

焦虑感　　　　　时间和精力

图 11-10　"成长陷阱"中的关键元素

3）连接关系

元素和元素之间相互连接在一起，存在两种关系：增强、减弱。在实际绘制系统图时，增强用"箭头与加号"表示，减弱用"箭头与减号"表示。如果增强、减弱存在滞后效果，那么我们就在箭头中间用"||"来表示。

我们仍以"成长陷阱"为例，焦虑感促使我们行动起来，理想的状态是通过学习获得成长，可是这条路径具有延迟性，经常耗时几周不见起色。另外一条路径是通过埋头苦干从项目的进展中获得充实、降低焦虑，它更加"短平快"。如果我们选择第二条路径就会在无形中花费大量的时间，减少了学习的时间（见图 11-11）。

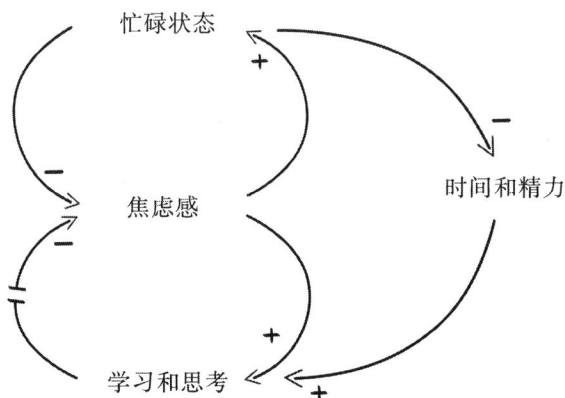

图 11-11　"成长陷阱"系统的连接关系

我们在描述系统时常会有两个以上的元素连接形成的闭合回路，它存在两种模式：增强回路和调节回路。

（1）增强回路。系统每次经历该闭环都会放大目前的状态，这里可能是放大正面的，如盈利持续增加，也可能是放大负面的，如亏损不断增加。

（2）调节回路。系统能够在一定波动范围内平稳运行，依赖的就是调节回路。如果系统偏离元素的某个存量值，就会开始减弱这个趋势，进行反方向的调控。比如，当空虚感增加的时候，我们可以通过工作或学习来缓解（见图 11-12）。

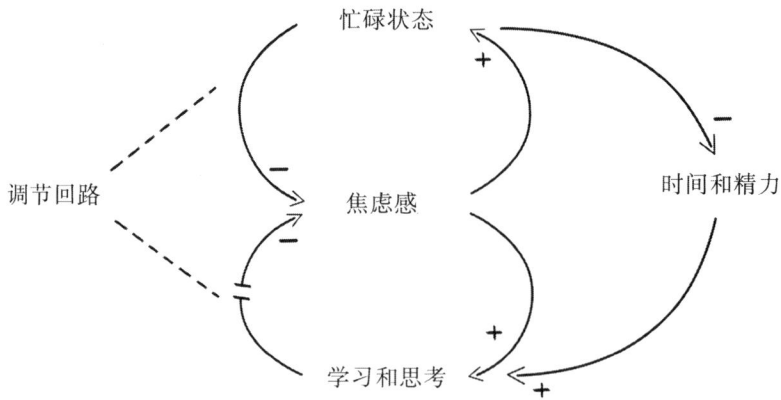

图 11-12 "成长陷阱"系统的调节回路

4）功能或目的

如果我们是该系统的设计者，那么系统服务的功能或目标就是非常明确的，它们就是最初设计系统的初衷。面对未知的系统，我们可以在系统运转过程中进行多次观察并总结修正，找出它的核心功能或目标。我们回到"成长陷阱"案例中，这个系统并不是人为设计的，因此我们需要根据亲身感受来发现它的核心功能。

3．系统思维的杠杆点

杠杆点是系统里可以增加力量的突破口，通过付出较低的成本完成改变。在系统中，这些杠杆点并不总是在发生问题的局部模块中出现，有可能在任何模块中出现。系统思考大师德内拉·梅多斯曾提出 12 种杠杆点[1]，笔者在这里只为大家分享常见的连接关系、功能或目标，剖析完系统以后，我们可以优先从这些方向进行思考。

---

[1] 德内拉·梅多斯：《系统之美：决策者的系统思考》，邱昭良译，浙江人民出版社 2012 年版。

1）调整连接

元素之间的连接好比跨越城市的高速公路，它的改变会带来城市经济和人口结构的调整。我们在原有的系统中进行增减连接、设计调节回路和增强回路，有时能达到质变的效果。

（1）连接，我们在元素和元素之间增加或删除连接，实际是改变了信息传递的链路。比如，每个牧羊人都希望获得更多的利润，因此无节制地增加羊群数量，最后草地被过度使用，生态被破坏。我们可以根据羊的数量、放羊频次等进行收费，让牧羊人和资源建立连接，获得信息反馈。这类方案其实在我们日常生活中也被广泛使用，如自来水、手机网络、家庭用电、公路等。

（2）调节回路是系统保持平衡的重要工具，当突发情况使某些流量突增时，调节回路会产生相反的作用力降低影响，如果它在核心环节缺失就会使整个系统不稳定或崩溃。同时，它也可能阻碍业务的持续增长，就像公司在创新变革时，权益受损的利益共同体会变成阻力。

（3）增强回路是对自身状态不断放大的回路，对其进行增减可以改变整个系统的运行模式。我们可以在业务上寻找一条增强回路驱动增长，亚马逊飞轮理论就是如此，以更低的价格吸引用户，用户增多以后亚马逊的议价能力就会得到提升，供应商给到更低的售价，周而复始。如果增强回路产生负面影响，就需要尽快被拿掉。

在连接关系层面，上述的连接、调节回路、增强回路可能会出现系统杠杆点。现在我们回到"成长陷阱"的例子，用"碎片化学习+小阶段里程碑激励"替换"以往的思考和学习方式"，这样这条链路就不再出现滞后效果，我们也会慢慢走出忙碌状态，让自己成长（见图 11-13）。

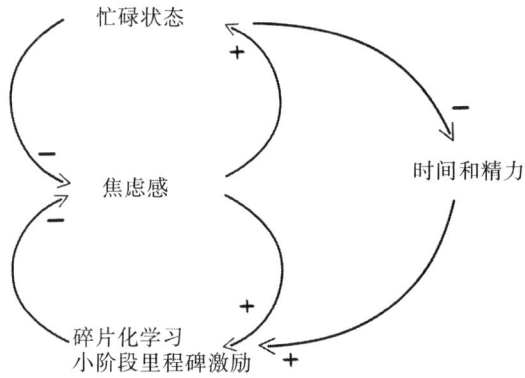

图 11-13 调整连接关系

2）改变功能或目标

系统的持续运转都在实现自身功能或目标，如果我们进行相应的调整，那么其他元素、连接、回路都会重新组合更好地实现新的功能或目标，产生完全不同的运作方式。

"成长陷阱"例子中的系统目标是"缓解焦虑感"，现在我们把目标改为"获得认知的增加和能力的提升"，我们会发现将自己沉浸于忙碌并不能实现认知的增加和能力的提升，只有学习才是核心路径（见图 11-14）。

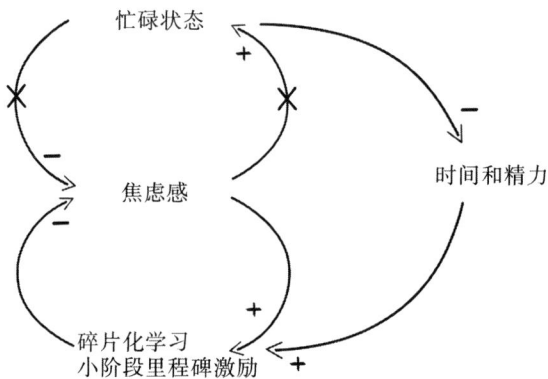

图 11-14 调整系统的目标

本章小结　如何提升思考的深度、广度、高度

1. 洞察问题的本质

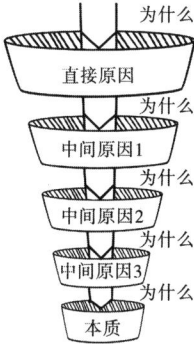

为什么

直接原因

为什么

中间原因1

为什么

中间原因2

为什么

中间原因3

为什么

本质

每问一个"为什么"都是在不断地逼近真相，产品经理可以在找到满意的答案以后停下来，如果不确定就连问5个"为什么"。

2. 结构化思维

MECE原则　　**＋**　　逻辑结构

{ 相互独立

{ 完全穷尽

{ 时间/空间序

二分或四象限

层级关系

业务逻辑

3. 复杂系统思维

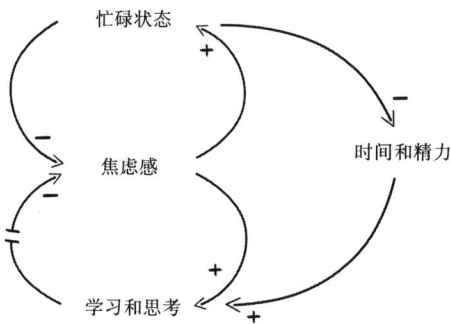

忙碌状态

＋

焦虑感

时间和精力

－

－

－

学习和思考

＋

＋

（1）系统思维的内部联系

划分系统边界

寻找元素

连接关系

功能或目的

（2）系统思维的杠杆点

调整连接

改变功能或目标

第 **12** 章

产品经理的原动力

我们通过上一章了解了产品经理的思考力，它能让产品经理提出独特且富有深度的见解，决定了个人竞争力。现在，我们向产品经理的内心出发，探索潜藏在其内心深处的驱动力。也许我们身边会有这样一群人，他们目光坚定，我们在任何时候都能感受到他们的自信，他们乐此不疲地探索，在大家都怀疑的方向上坚持自我。他们具有使命感，仿佛每天都在接受一种号召，这种原动力对产品经理来说必要而又宝贵。

笔者将拆解为 3 部分进行讲解，分别是使命、成长思维、心态。用一个例子来说明它们之间的关系（见图 12-1），我们把横跨撒哈拉沙漠作为终极使命，路途非常遥远，我们只有真实看到自己离目标越来越近，才能有日夜兼程的动力。这个过程就像我们拥有成长思维并进入一个自我实现的正循环，在工作和生活中持续收获成长，不断地接近使命。另外，我们在沙漠中必然会遇到大大小小的沙丘和恶劣的天气，因此我们必须平稳且高效地穿行。行进路途中的险阻类似产品经理的每一天，使产品经理身心疲惫的并不是工作强度大、体力不支，更多的来自情绪内耗，因此产品经理需要拥有正向、积极的生活态度。

- 寻找自身的使命。

- 培养成长思维。

- 产品经理的积极心态。

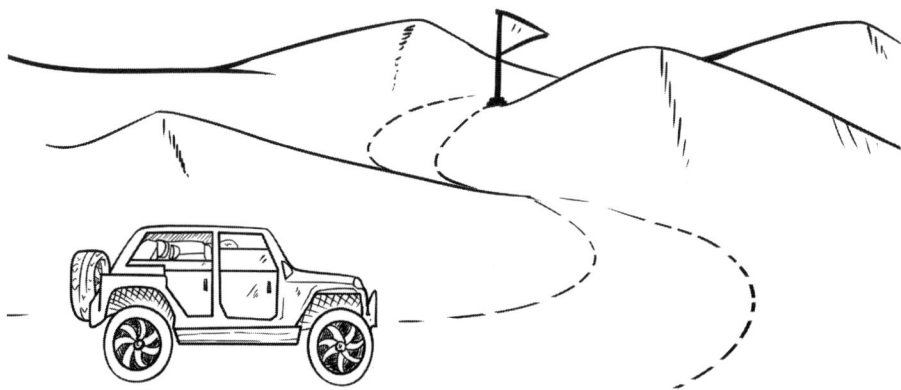

图 12-1　让自己不断地接近使命

12.1 寻找自身的使命

使命是来自我们内心底层的原动力，如果我们感受到自己准备实现的目标是被整个世界所期许的，那么以前面对的阻力就开始慢慢消失，我们更能感受到自己和这个世界的连接，然后用积极的心态和这个世界互动。我们一直在追求生命的意义"我是谁、从哪儿来、到哪儿去"，使命的存在让生命的意义在不同的人身上得到了多样的诠释。

12.1.1 使命能给予我们什么

1）持久的动力

我们的内心动力模型一般分为两种——恐惧驱动和使命号召，虽然它们都能推动我们把手上的事情完成，但是两者的运转模式和特性却有很大的区别（见图 12-2）。

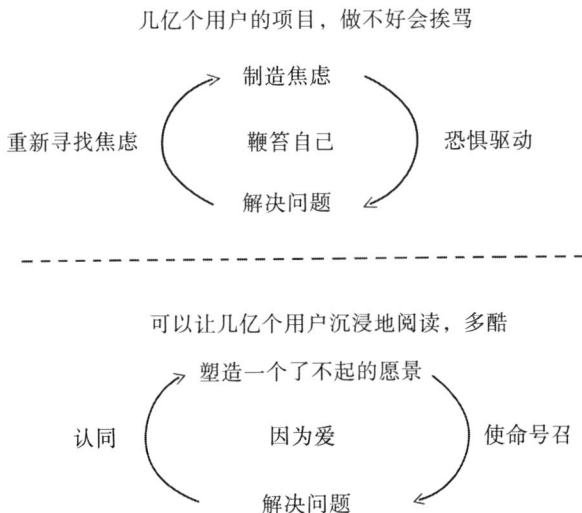

图 12-2 内心动力模型

（1）恐惧驱动。我们通常会想象一个特别糟糕的结果来吓唬自己，使自己在行动上不敢松懈。比如，今晚不把这份材料认真修改完，老板肯定会批评我，后续晋升也会受到影响。修改完材料以后，我们的压力减小，动力就会不足，此时我们需要寻找另一个糟糕的结果让自己恐惧，从而产生动力。

恐惧驱动的缺陷也特别明显，那就是我们内心不快乐，谁会愿意一直活在恐惧中呢？因此，恐惧驱动终究不是长久的选择。

（2）使命号召。当我们清晰地知道自己的使命时，现实和未来之间的差距会形成一种动力，它是柔和的。我们憧憬美好的事物，并且愿意为之不断地努力。

产品经理的成长和工作需要依靠这类驱动力，在成长中，恐惧的力量只能帮我们达到阶段性的目标，比如大学毕业以后很少有同学会继续学习。然而，使命是我们对如何度过这一生的思考，它会一直伴随着我们。在工作中，如果产品经理推动每个项目都来源于内心的害怕，那么是无法对产品赋予爱和情感的，比如产品经理重构核心产品时，一直在想"如果做不好就会被用户吐槽，同事们也会质疑我的能力"，在恐惧心理支配下的人很难有同理心、创造力。然而，在拥有使命的情况下，产品经理思考的角度会变为"产品核心功能拥有巨大流量，代表着用户急切的诉求，如果我能帮用户找到一种简洁、可信赖的产品方案，是一件多棒的事情呀"。

2）认知的改变

使命让我们的视野范围扩大，能纳入更多的因素考量，从而改变原有的认知方式。比如，产品经理学习交互设计需要花费两个月左右的时间，如果我们缺少使命感，视野就会局限于短期，学习一天交互设计知识，需要实实在在付出十几小时，但在当天工作中立即能用上的知识却不多。如果我们拥有使命感，视野就会更加宽阔，思考问题时会从累计效应出发。学习交互设计知识虽然耗费时间，但交互设计知识在未来很长一段时间能为我们所用，提供丰富的内容助力我们实现梦想，使投入产出比明显提高。

12.1.2　寻找使命的道路

人们在做自己擅长的事情时容易获得一种心流体验，感受到时间飞逝，内心有一种幸福、快乐的感觉。在此基础上，当把优势运用到更大的愿景去实现人生意义时，我们便拥有了使命，它为我们提供了一种持续的幸福感和生命的驱动力。

1. 培养优势

我们先来观察一下大脑的发育过程，从而了解优势是如何逐步建立的。神经元是大脑重要的组成部分，记忆存储和思考都依赖于它。大卫·苏泽博士曾提出儿童大脑中的神经元连接数量要远远超过成年人大脑中的神经元连接数量，在青春期之前，人脑经常使用的神经元连接会被强化并保留下来，而平时没有使用的神经元连接则开始消失。然而，我们并没有因此而变得不聪明，在"修剪"的过程中，我们的神经元连接数量虽然变少却得到了强化，信息传输变得快速、通畅。[1]就像道路的形成一样，初期有很多乡间小路，行人极少的地方慢慢长出了野草，不再被使用；行人多的路则被改建成了高速路。图 12-3 来源于教授 HT Chugani 的研究发现，清晰地展示了上述变化。

我们成年以后可能会发现自己在某些领域或兴趣点的学习效率比其他人的学习效率更高，这源于在成长阶段不断对部分神经元进行连接强化，累计建立的优势。比如，匈牙利心理学家拉斯洛·波尔加希望验证天才是后天塑造的，把自己的 3 个孩子作为研究对象，他们最终都成为国际象棋大师。

---

[1] 大卫·苏泽：《教育与脑神经科学》，方彤、黄欢、王东杰译，华东师范大学出版社 2014年版。

刚出生　　　　　　6岁　　　　　　14岁

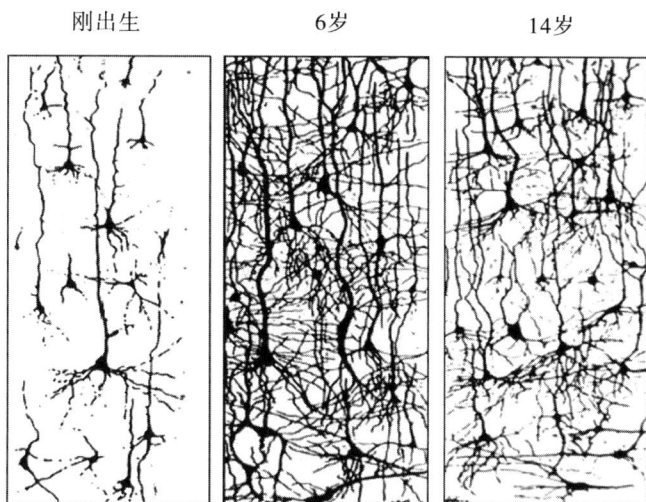

图 12-3　儿童大脑某些区域的神经元连接

　　并不是每个人都那么幸运，能在早期拥有一个良好的环境。其实，我们现在开始打造也不晚，大脑一直具有可塑性。除了成长高峰时期的"大修剪"，人的一生会持续优化连接，当我们需要用到某一个区域的神经元时，在不断刺激下神经元会逐渐建立连接并强化，但长期不用仍然会断开，这类机制帮助我们适应变化的环境。基于大脑这样的可塑性，我们如何开始建立优势呢？

　　首先，我们需要明确一个优势方向，个人建议可以把优势建立在与主业相关的事物上，这样使命和主业就能形成合力。以笔者自身为例，笔者的主业是产品经理，打造并沉淀该职业的优势，在此基础上自然衍生出使命，希望把自己的知识反馈给需要帮助的人。这样做在追求使命的同时对主业口碑会有帮助，主业精进也就能更接近使命。

　　其次，明确方向以后，我们在起步阶段很难感受到任何优越感，只能勾画愿景并拆分里程碑，让自己获得持续的正向反馈。在这个时期，我们要多投入，把工作做得比其他人更好。此时，我们开启了正向循环，能够感受到自己很优秀，并且喜欢上这些工作，让它们渐渐变成自己的兴趣（见图 12-4）。一段时间以后，我们在该领域频繁使用的某些神经元连接就会变得密集且强壮，成为优势。

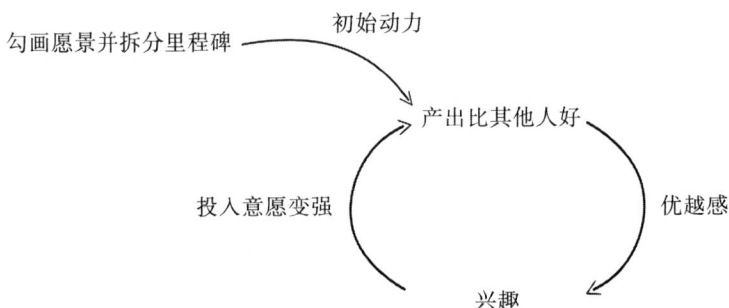

图 12-4 建立个人优势的正向循环

2．寻找使命

建立完个人优势以后，我们开始探索使命，可以以写墓志铭的方式获得渴望完成的使命，然后逐一检验真伪。

1）用墓志铭和自己沟通

人的一生非常短暂，我们终将离去，在这短暂的一生中我们希望别人怎样描述和评价自己呢？我们可以使用第三人称来讲述自己这一生中最重要的事情和所做的贡献。其实，我们在这个过程中变换了一种视角，它能让你不沉浸在当下处境中，避免眼前的快乐和痛苦带来干扰，平静而深入地思考自己希望成为什么样的人。

2）检验使命的真伪

我们通过写墓志铭的方式通常能找到很多自己希望完成的使命，其中有一大部分不是真正的使命，也许只是对美好事物的向往，或是逃离现实生活压力，如周游全世界、过上田园生活。我们需要通过一些手段对这些使命进行检验，笔者在这里分享两种检验方法。

第一，看看生活是否开始有变化。我们找到使命以后，是否会为之行动起来，生活是否在潜移默化地改变。如果都没有，每天还是像以前一样，就说明这个使命并不是自己想要的。真正的使命可以唤醒你，让你为缩小现实差距而付出行动。

第二，看看这个使命是否是自己喜欢的。如果我们持续做一件事情会让自己很痛苦，就证明我们没有找到使命。我们做这件事应该是快乐而轻松的，对它是一种自然而然的喜欢，内心没有对抗。

12.2　培养成长思维

使命是长远的目标，我们有很长的路要走。在这个过程中，我们需要一种成长思维，让自己满怀热情选择成长，不断靠近目标，实现正循环。

1．成长思维和固定思维的区别

斯坦福大学心理学教授卡罗尔·德韦克提出成长思维和固定思维两种思维模式，思维模式不同使人们看待事物的态度也截然不同，可能会直面困难、勇敢成长，也可能会选择躲避（见图 12-5）。

1）固定思维

具有这种思维模式的人认为才智和能力来自先天，后天的付出没有作用。比如，如果具有这种思维模式的人负责公司的一个创新项目，最终失败了，那么他不仅不会从中吸取教训获得提升，还会笃定自己没有这方面的才能。后续再遇到类似项目时，这种人会倾向于逃避，因为他们认为失败代表自己不聪明，自己的价值会被否认。他们通常会挑选自己能力范围内的产品项目，因为这样能避免自尊心受到伤害，最终使自己不敢跨出舒适圈无法获得成长。

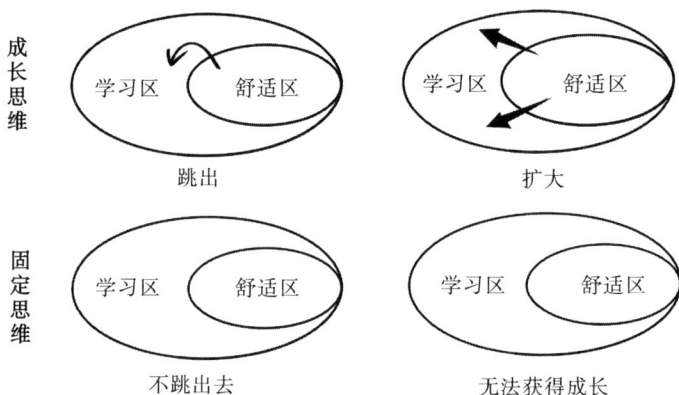

图 12-5　成长思维和固定思维面对挑战的不同处理方式

2）成长思维

具有这种思维模式的人认为才干来自自身后天的努力，与投入的精力密切相关。在遇到挑战时，他们会将其作为难得的练习机会，用于提升自己。当然，有挑战就会有成功或失败，他们会认为失败是因为欠缺投入，而成功是自己不断付出得到的回报。

2．去除固定思维，获得成长

1）固定思维的形成

具有这种思维模式的人小时候被灌输了不正确的观念，使自己的认知模型发生偏差。比如，当我们表现得比同龄人优秀时，父母会说"你真聪明"，这样就在我们大脑中潜移默化地建立了成功和聪明之间的对应关系。在我们生活中，这对关系会不断发出暗示，我们会认为能力很难得到提升，因为这是天生的，"谁让我没别人聪明呢"。

相比之下，有些人会比较幸运，他们接受的教育观念是"个体具有可塑性，并且与投入的精力成正比"，这就帮助我们为成功和投入精力建立了匹配关系。如果我们遇到挑战，就能清楚地知道只要在正确的方向上付出更多的精力就能超越对手。

2）转变为成长思维

笔者平时会翻阅一些心理学的读物，从中受益匪浅，曾经在团队内部推广过比较实用的方法，现在将这些方法分享给大家。当然，一种方法不可能适用于所有人，感兴趣的读者不妨寻找一些相关书籍，或者与心理专业的人士进行交流。我们要通过两个阶段来转变思维模式，首先挣脱完美主义的束缚，然后使用内心日志的方法从固定思维转变为成长思维。

（1）挣脱完美主义的束缚。在从固定思维转变为成长思维的过程中，我们需要慢慢走出舒适区接受挑战。此时，完美主义会成为主要的阻力，让我们时刻保持完美形象，远离尝试。

完美的东西是不存在的，存在反而不真实。我们身边的人总在不断地强调"第二名没有价值""必须达到×××"等，因此我们建立了一些新的等价关系，如不完美等于没价值。其实，我们仔细琢磨一下就会发现有多么可笑。我们开始从期许完美到接纳不完美，这就是成熟的表现。

也许我们在生活中偶尔会犯错或失败，这很正常，每个人都是一样的，即使我们不完美也可以得到别人的爱和尊重，每个人都有自己独一无二的价值。

（2）尝试转变为成长思维。在挣脱完美主义的束缚以后，我们害怕犯错的压力就会逐渐减小，接下来我们就要开始着手转变自己的思维方式了，这个过程需要一些时间。我们可以使用心理学家戴维·伯恩斯提出来的审视内心想法的方法，这种方法能帮助我们看清楚自己对客观事物的解读过程，对不合理的潜在逻辑进行识别，协助我们的思维方式从"先天固化"转变为"付出能够改变"。这个过程可以通过图 12-6 的日志表格完成：在出现固定思维的时候，我们就要快速记录，在第一列描述固定思维的想法；在第二列把自己从想法中观察到的不符合常识和逻辑的内容写下来；在第三列先驳斥这些观点，然后从成长思维出发写下我们可以采取的方式。

下意识的想法	存在哪些失真的认知	理性地回应
向领导汇报时总抓不住要点，天生不善于沟通	认为自身先天能力差，属于固定思维	准备的不充分或没有掌握结构化的表达方式
……	……	……

图 12-6　通过审视内心想法培养成长思维

12.3　产品经理的积极心态

除了培养成长思维让自身持续得到提升，我们每天还会面对各种挑战，业界常说产品经理需要有一颗"强大"的心，笔者认为将"强大"换成"积极心态"可能更加准确，它是一种正向、主动的生活态度。产品经理处于业务中心，应让产品朝着一个方向快速迭代，如果产品经理缺少积极心态，那么在与产品共同成长的过程中就会觉得疲惫乏力、不快乐。我们通常可以通过两个步骤让自己保持积极的心态，先减少负面内耗，然后在此基础上保持积极心态。

1．减少负面内耗

1）认知失真

产品经理要频繁地和各类角色进行沟通，让其他成员在既定方向上跟随自己前行。这个过程会涉及各类冲突和利益碰撞，客观上这是很正常的事情，可对于认知失真的人来说，将是一场内心的"浩劫"，很消耗自己的精力。我们先分析一下为什么认知失真的人会有这种感受，常见的原因有以下几点。

（1）把客观事实造成的影响进行放大或缩小，让事实失真。我们通常会放大自己的错误或失败，缩小自己所取得的成绩。如果我们负责的项目在小流量实验以后出现数据负向，我们就认为同事会有异样目光，不认可我们的价值；如果这个项目取得了巨大的成功，对业务的拉动特别明显，就会认为这是理所当然的，没什么值得高兴的。如果我们总在一些无关紧要的事情上投入过多的情绪，那么自然就会感到身心疲惫。

（2）把"应该"强加于他人，无法接受现实的落差。比如，有时协作团队的同事拖延进度，我们心里不断窝火，认为他们"应该"重视这个项目，为什么就没有团队意识呢？当然，我们也会把这类"应该"施加在自己身上，在没有完成预定目标时，用它来鞭笞自己。比如，"我"应该在公司的"黑客马拉松"中脱颖而出。世界不是围绕个人运转的，我们没有办法让所有的事情都按自己想象的模式运转。

（3）妄下结论，它仿佛给予了我们看透人心的能力，我们只要通过对方的一个表情或一种行为，就能断定他内心的想法，这显然有些荒诞。我们通过分析一个点大概不能获得正确的结论，比如对方会议迟到，妄下结论的人就开始脑补"他估计不太重视我"，在价值被否定时，内心必然充满了负面情绪。其实，迟到的人可能被上个会议拖住了，散会以后立刻就赶了过来。在缺少客观依据时，如果我们把猜想当作事实，就会激活负面情绪，产生内耗。

2）减少内耗

认知失真虽然不会对别人或团队造成很大的伤害，但会使自己内心的负面情绪不断被触发，并且不能很快恢复到正常水平，因此我们需要进行自我调整。

我们仍然使用心理学家戴维·伯恩斯提出的审视内心想法的方法，填写日志表格（见图 12-7）。在感到不愉快时，我们可以快速记录下自己的想法，整理到表格的第一列，在第二列填写出现了以上哪种情况。如果察觉到推论逻辑不合理，就在第三列客观地反驳这些思想，慢慢矫正自己的认知，使自己看到客观世界。

下意识的想法	存在哪些失真的认知	理性地回应
因为一件事情和同事闹得不太愉快，认为他应该理解并帮助自己处理	"应该"思维	他只是我的同事，并没有必要按照我的标准做事
项目上线以后效果负向，同事会否定我的价值	放大了问题	项目失败很正常，谁也不能保证每次都能成功
……	……	……

图 12-7 理性回应失真的想法

2．培养积极心态

除了不断减少心理的内耗，我们还要培养自己的积极心态，它会成为黑暗中的"火把"。笔者在这里向大家分享培养积极心态的两种方式，分别是积极思考和正念。

1）积极思考

如果我们选择向着事物的积极一面思考，就会相信它可以获得成功，这样我们就能专注于目标本身，拥有强大的勇气去跨越未来的障碍。那么，**如何让自己看到事物积极的一面呢？最核心的方法就是改变认知模式，帮助大脑建立新的连接。以笔者自身为例，笔者每天在去公司的路上都会对自己感触很深且积极的观点进行回顾，在不知不觉中养成了思考的习惯。**建立了新的认知模式以后，我们能感受到变化，生活开始了一个良性循环，积极思考会让我们更加主动地全力迎接挑战，从而更容易获得成功和愉悦。与此同时，好的结果会强化积极思考的习惯。笔者将自己在上班路上回忆的内容提取了一部分供大家参考。

♫ 我们在面对新问题时会有压力，这并不是一件坏事，它能帮助我们在沟通时更有勇气、记忆力更强、注意力更集中，从而提高解决问题的效率。

♫ 现在迎接的各种挑战，在我们熟练应对以后，会内化成能力的一部分，舒适区也会越来越大。

⏁　回忆过往，我们能够清晰记得的时刻，大部分来自突破自我的舒适区，它们的存在让我们的人生更有意义。

⏁　人生在不断变化，与一年前的自己相比，现在的自己进步很大。接受当下的失败和成功，它们都是成长的一部分。

……

2）正念

通过呼吸调节情绪的方法，其实已经在谷歌、Facebook、英特尔等大公司被推广了。它的本质是调节迷走神经，在我们感受到压力时，人体的副交感神经系统中的迷走神经会发生相应变化，通常会呈现出迷走神经张力降低。正念的过程可以增加迷走神经张力，相比低张力，在紧张状态下的自己可以获得放松、减少焦虑。正念其实并不复杂，我们可以找一个安静的地方，按照以下方法每天进行 5 分钟的练习。感兴趣的读者可以去深入探索，希望每一位读者都能保持积极的心态面对未知的世界。

（1）关注自己的呼吸，调整注意力。慢慢感受空气吸入鼻腔，然后进入喉咙，感受到自己的肚子慢慢被填满。

（2）缓缓地呼气，感受气体从肚子到喉咙，再到鼻子。

（3）大脑里闪过其他的念头很正常，对它们保持不欢迎也不拒绝的态度，然后从思绪中回来，继续进行呼吸练习。

本章小结 如何构建产品经理的原动力

1. 寻找自身的使命

（1）培养优势

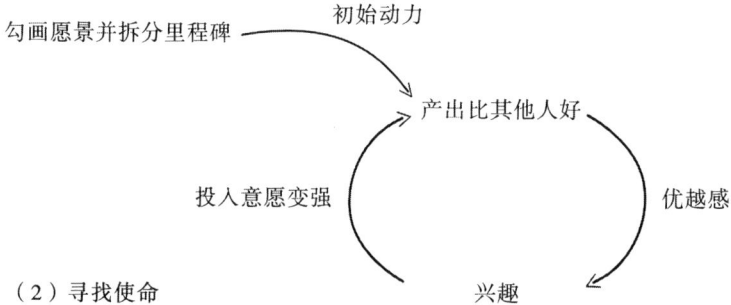

勾画愿景并拆分里程碑 ——初始动力—→ 产出比其他人好

投入意愿变强　　　　　　　　　　　　优越感

　　　　　　　　　　　　兴趣

（2）寻找使命

用墓志铭和自己沟通

⬇

检验使命的真伪 ┄┄┄ 生活开始变化

　　　　　　　┄┄┄ 自然而然的喜欢

2. 培养成长思维

（1）挣脱完美主义的束缚　➡　（2）尝试转变为成长思维

不完美不等于没价值

- 下意识的想法
- 存在哪些失真的认知
- 理性地回应

3. 产品经理的积极心态

（1）减少负面内耗

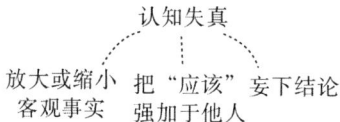

　　　　　认知失真

放大或缩小　把"应该"　妄下结论
客观事实　强加于他人

- 减少内耗
- 下意识的想法
- 存在哪些失真的认知
- 理性地回应

（2）培养积极心态

积极思考 （如果我们选择向着事物的积极一面思考，就会相信它可以获得成功，并且能专注于目标本身，拥有强大的勇气去跨越未来的障碍。）

正念 （正念的本质是调节迷走神经，在我们感受到压力时，人体的副交感神经系统中的迷走神经会发生相应变化，通常会呈现出迷走神经张力降低。正念的过程可以增加迷走神经张力，相比低张力，在紧张状态下的自己可以获得放松、减少焦虑。）

第 13 章

产品经理的自成长

在本书的最后一章，笔者将和大家探讨产品经理的自成长，虽然内容即将完结，但是征途却刚刚开始。产品经理是一个具有丰富层次的职业，包括逻辑的理性、人性的复杂、交互的细腻拿捏、事物底层规律的洞察等，如同希腊神话中的喀戎，拥有琴棋书画、医术、狩猎、拳斗、相扑等各种技艺。笔者从自身出发，将个人成长的心路历程、团队成员成长遇到的问题、产品培训会上同学们的疑惑进行整理和抽象，形成4个成长阶段。

♪ 第一阶段：应对环境带来的挑战。

♪ 第二阶段：向生命演化学习，自适应地成长。

♪ 第三阶段：如何认知这个世界，决定了产品经理的高度。

♪ 第四阶段：繁衍传承，生命持续向外延展。

13.1 第一阶段：应对环境带来的挑战

这个阶段是我们从事产品经理这个工作的前两年，我们会通过自我蜕变来适应新的环境，抛弃不适用的旧认知和方法，走完全程需要靠自己在现实中不断努力，没有一本书可以指导我们避开所有的"坑"。这个阶段是我们成长之旅的开始，无论我们是否准备好了，时间和身边的人都会把我们推向前方，开启一段奇妙又惊险的旅程。

笔者将为大家提供两样装备——盾和剑，盾是指保护自己的成长性的方式，剑是指获得高效成长的引擎（见图 13-1）。

图 13-1　成长过程中的盾和剑

1．保护自己的成长性的方式

初入职场，我们面对的是未知不可控的世界，内心会感到焦虑和害怕，这能激发出我们努力拼搏的精神。然而，有些人却不太幸运，也许是自己方向错误或某些客观的因素，在经历了多次失败和挫折以后，面对新问题时产生无能为力的心态，失去原有的信心和勇气，产生习得性无助行为，认为无论怎么努力都很难改变现状，大多数人进入这个"怪圈"后很难再跳出。

美国心理学家马丁·塞利格曼曾经用动物做过实验并提出习得性无助模型，动物在不断学习并强化了"自身行为无法改变结果"的认知以后，当身处全新环境时，潜意识仍会认为坏结果将再次到来，放弃尝试，选择消极的应对方式。[1]

我们可以通过两个步骤跳出"怪圈"（见图 13-2）。

第一步，面对多次失败，我们不要把原因归于不可控因素，如能力、智商等，要认为问题出在自己可控的地方，如投入的精力太少、对行业暂时不够了解等。当同样的场景再次出现时，前者会产生心理暗示很难做出改变，而后者会希望再试试，毕竟

[1] 马丁·塞利格曼：《习得性无助》，戴俊毅译，机械工业出版社 2010 年版。

重新投入了更多的精力，有可能会成功。

第二步，让自己看见进步，我们可以选择小挑战来不断地树立信心，同时从失败的项目中总结经验教训。坚持一段时间以后，我们能感受到未来的路变得可控了，这也许就是开启征途的正确方式。

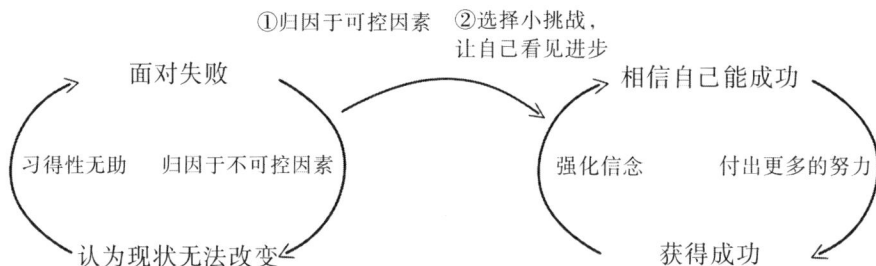

图 13-2　走出习得性无助

2. 获得高效学习引擎

读书时，我们只需要紧跟老师的步伐就可以取得不错的成绩，如果出现问题老师就会反馈给我们，也不用操心下个学期的课程安排。进入职场以后，环境发生了变化，很多人开始迷茫，因为我们只把精力投入知识本身是远远不够的，还要掌握学什么、怎么高效学习。如果我们关注老师的授课方式，就会发现它符合心理学家安德斯·艾利克森提出的刻意练习[1]。首先，老师会用几堂课的时间帮我们找到学习这门课程的目标和意义，后续在教授知识的同时不断要求我们同步练习，助教会针对学生提交的答案进行明确的反馈，我们需要改正错误。上述过程由易到难，让我们逐渐走出舒适区接受新挑战，从而不断获得提升。

刻意练习的方法能穿越时间周期并作为成长引擎让我们不断地接近目标，完成使

---

[1] 安德斯·艾利克森、罗伯特·普尔：《刻意练习》，王正林译，机械工业出版社 2016 年版。

命。下面笔者将刻意练习核心的 3 个步骤分享给大家。

（1）确立目标。在开始刻意练习的时候，我们需要设立明确的目标，并且将其拆解为可执行的里程碑，否则我们无法感知进步，最终坚持不了多长时间。比如，非职业选手进行半程跑马拉松训练，初期每天 5 千米起，每周增加 10%，直到能轻松完成10 千米；稳定一段时期以后，进入第二个阶段，每天在 10 千米基础上按周增加 10%，最终完成训练。

（2）持续反馈并改正。我们进行过一次行动以后需要充分地捕捉相应的反馈，反馈可以来自企业导师或其他评估标准，我们要知道哪里是错误的、正确的方式应该是什么，只有不断纠错才是有效的。如果在没有任何反馈下重复练习 1 万小时，就只是使目前的动作更加熟练，成为肌肉记忆，而错误的行为仍然没有改变。

（3）走出舒适区。舒适区代表已有的能力范围，虽然我们做能力范围内的事情会感到轻松，并且产出也会好，但失去了接触未知、不可控事物的机会，无法获得成长。当然，我们也不能过度将自己扔到舒适区外，频频失败打击自己的信心，制定的目标是自己努力一下可以达成的，然后逐步扩大自己的舒适区。

13.2　第二阶段：向生命演化学习，自适应地成长

我们从事产品经理工作 3 年左右开始进入第二阶段，这时我们在行业知识、计算机技术、交互设计、心理学等方面都有相应涉猎，关于产品经理的书籍也阅读了很多，自我感觉比较良好，周围同事也很少再继续学习。在多方面因素的影响下，我们进步的速度开始明显放缓。

我们对产品经理的定义太狭隘，无形中给自己画出了清晰的边界，认为边界之外

和产品经理无关，边界内的知识已经掌握差不多了。如果我们对产品经理的定位是公司小 CEO（当然大家也许有更好的定义），那么内心条条框框的约束就解开了，我们会感觉这个产品世界很大，有许多值得我们探寻的地方。

然而，面对无边无际的前方，我们应该选择什么路线呢？笔者在这里向大家分享一些自己的方法——向生命演化学习，面对系统的不确定性，我们将一个大方向作为"剪刀"。比如，笔者在职场初期设定了把自己培养成小 CEO 的目标，产品经理和 CEO 具有一定的相似性，都需要具备产品战略、运营思维、讲故事、项目管理等能力，他们的区别在于前者的工作偏向于业务，而后者的工作涉及整个公司。在许多创业公司，创始人和产品负责人是同一个人。设定完目标以后，我们要挑选出可能会涉及的领域，该领域的内容以延伸阅读的方式进行拓展。比如，读完一本书以后我们会形成相应的知识结构，可以感受到这个结构并不完整，我们可以沿着这些知识边缘进行拓展，自然而然地找到相关领域的书籍。需要注意的是，如果学习成长的内容与目标背离或自己暂时没有能力领悟，就可以先"剪"掉。

为了便于大家理解，笔者分享一下当时的实操细节。基于"成为小 CEO"的目标，笔者先确定涉及领域，当然不可能一次找全，可以边走边完善。比如，我们需要大致掌握产品战略、组织管理、自我成长、心理学、市场运营、数据分析、经济学、公司财务等领域的知识，如图 13-3 所示。

笔者初期瞄准了战略领域，因为它充满了神秘感，在真正地学习以后，笔者发现基于当时的产品基础很难悟透这些知识，它们读起来特别空洞且深奥，感觉离自己特别远。因此，笔者果断跳到团队管理领域进行探索，发现还是有类似的问题，那时笔者比较年轻没有带团队，在掌握一定的知识以后也没有实践反馈，及时暂停了，暂时用两个叉来表示（见图 13-4）。

产品战略

- -

组织管理

- -

自我成长

- -

心理学

- -

市场运营
数据分析
经济学
公司财务
……

图 13-3　根据目标制定学习的领域

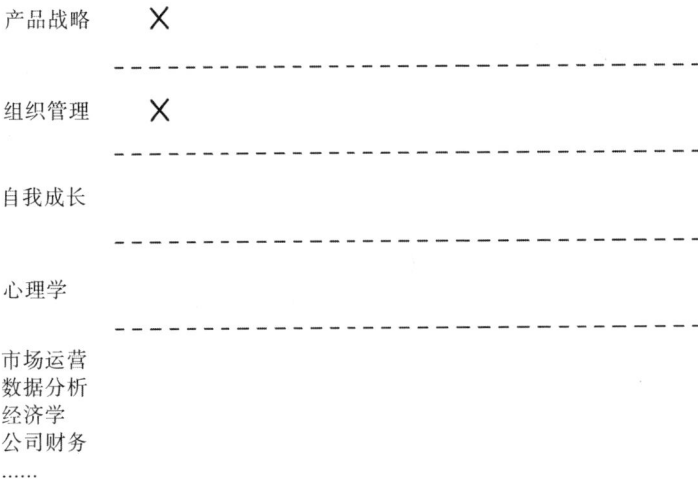

产品战略　　　✕

- -

组织管理　　　✕

- -

自我成长

- -

心理学

- -

市场运营
数据分析
经济学
公司财务
……

图 13-4　暂停短期无法领悟的方向

此后，笔者选择进入自我成长的领域，明显顺利很多。笔者找到该领域的经典入门书籍开始阅读，每读完一本书都会自然延伸出不懂的新概念，它可以成为"指南针"，让我们在陌生领域不断摸索前行的方向。笔者在早期探索时选择了基础的"如何高效学习"，但在运用学到的方法时，发现"保持良好状态，持续输出"并不是一件容易的事情，因此把"精力管理"纳入下一个学习范畴（见图 13-5）。

产品战略　　　✕

- -

组织管理　　　✕

- -

自我成长　　如何高效学习 ⟶ 精力管理 ⟶ 思维和决策 ⟶ 复杂系统思维 ⟶ ……

- -

心理学

市场运营
数据分析
经济学
公司财务
……

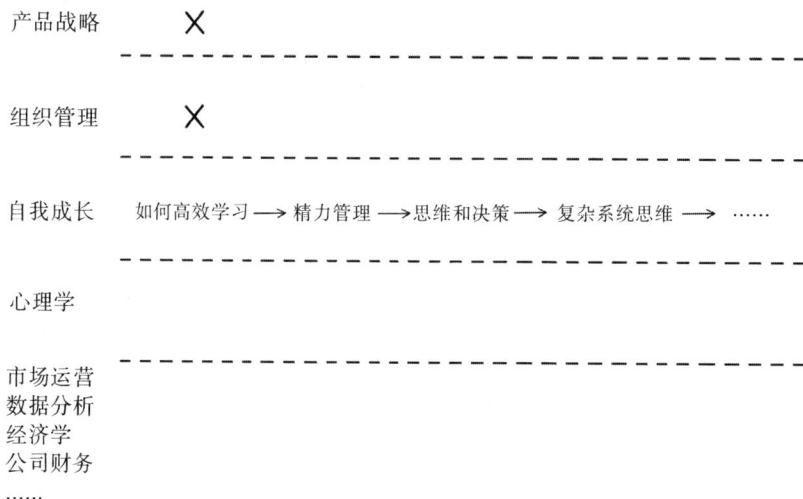

图 13-5　在陌生领域不断延伸

笔者在学习了一段时间以后，开始进入心理学领域，采用同样的方式进行延伸阅读。直到学习临床心理学时才发现自己走进了一个"死胡同"，继续深入学习显然对"成为小 CEO"没有帮助，因此笔者果断停下，让自己始终保持在正确的道路上高速成长（见图 13-6）。

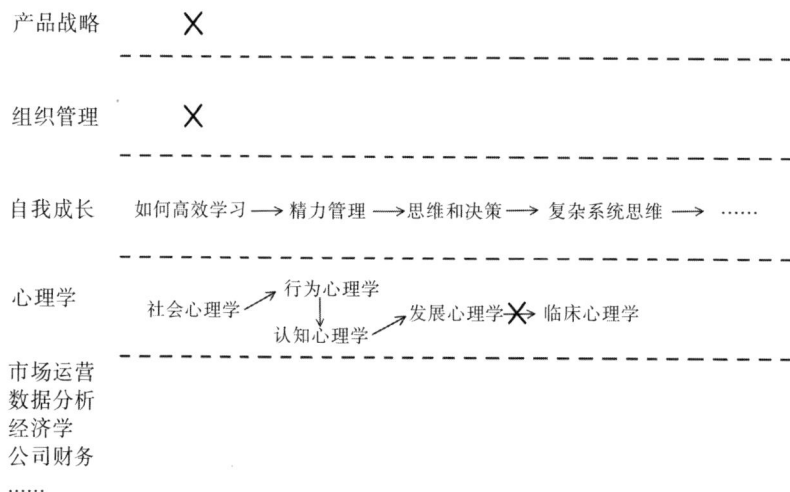

产品战略　　　✕

- -

组织管理　　　✕

- -

自我成长　　如何高效学习 ⟶ 精力管理 ⟶ 思维和决策 ⟶ 复杂系统思维 ⟶ ……

- -

心理学　　社会心理学 ⟶ 行为心理学 ↓ 认知心理学 ⟶ 发展心理学 ✕ 临床心理学

市场运营
数据分析
经济学
公司财务
……

图 13-6　放弃与目标无关的内容

另外，在条件成熟时，我们可以重启以前不适合的相关领域（见图 13-7）。笔者离开百度以后，选择自己创业，这就需要频繁与投资人讨论未来的产品规划、行业格局、如何激发团队潜能做出突破等。此时拥有了一个实践和及时反馈的情景，笔者对曾经无法领会的产品战略、组织管理等内容都能快速掌握并运用。

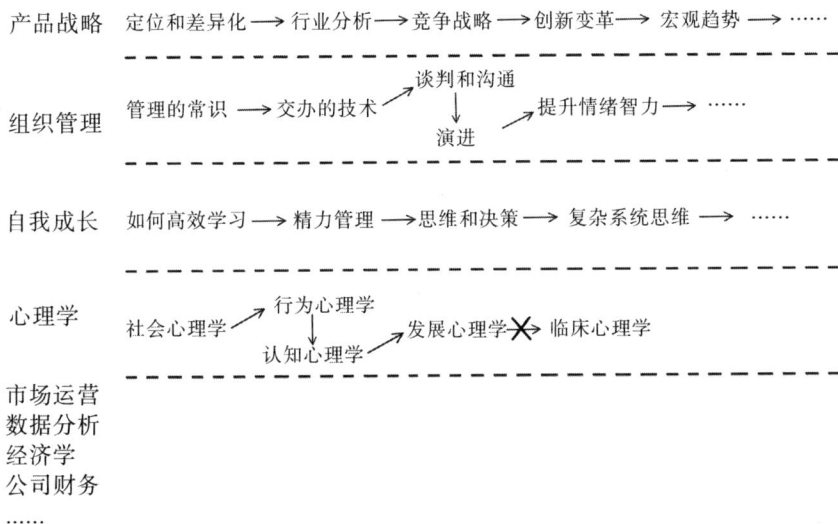

产品战略　定位和差异化 → 行业分析 → 竞争战略 → 创新变革 → 宏观趋势 → ……

组织管理　管理的常识 → 交办的技术 ↗ 谈判和沟通 ↓ 演进 ↗ 提升情绪智力 → ……

自我成长　如何高效学习 → 精力管理 → 思维和决策 → 复杂系统思维 → ……

心理学　社会心理学 ↗ 行为心理学 ↓ 认知心理学 ↗ 发展心理学 ✕ 临床心理学

市场运营
数据分析
经济学
公司财务
……

图 13-7　时机成熟后重启相关领域

在这个过程中，我们已经不知不觉跨出了狭义的产品经理范围，用生命演化的方式对抗未知和不确定性，找到属于自己的成长路线，从小产品慢慢步入大产品。

13.3　第三阶段：如何认知这个世界，决定了产品经理的高度

从事产品经理工作 5 年以后，我们会感受到采用第二阶段的学习方式，成长速度

在不断下降，伴随着这个过程，早期设定的目标正在被逐步实现，这让人既兴奋又有些迷茫，接下来我们该如何保持高速成长呢？

我们先对比一下工匠和艺术家、架构师和首席科学家、总编辑和文豪，思考前者和后者相比差了什么（见图 13-8）。

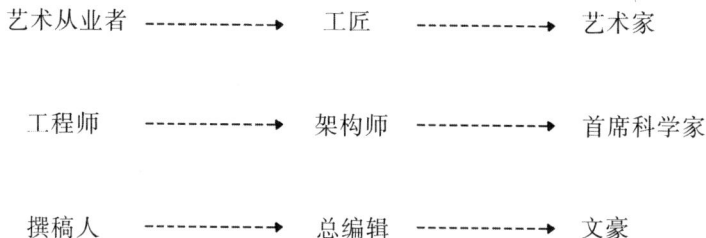

艺术从业者 ----------→ 工匠 ----------→ 艺术家

工程师 ----------→ 架构师 ----------→ 首席科学家

撰稿人 ----------→ 总编辑 ----------→ 文豪

图 13-8　不同领域翘楚之间的对比

工匠具有精湛的技艺，对艺术极度热爱；架构师可以应对复杂业务的挑战，让工程在宏观层面具有扩展性和稳定性；总编辑把握市场未来趋势，使作品受到读者青睐。

前者与后者在专业技艺上都出类拔萃，主要区别在于"如何认知这个世界"。

艺术家采用独特的艺术作品去捕捉和表现自己对生活本质的理解，同时把它融入日常熟悉的事物中。

首席科学家不断探索未知领域，突破人类已有的认知边界，以启发这个世界。比如，霍金一直秉承的信念，即"存在一族我们能够发现并理解的合理的定律制约着宇宙"。

文豪用真切自然的文笔描述人间的喜怒哀乐、生活百态，赋予故事生命的哲理和规律，读者能从字里行间获得思考和启示，如托尔斯泰的《安娜·卡列尼娜》。

"如何认知这个世界"同样会成为顶尖产品经理的分水岭，它本质上是丰富的思维模型，让产品经理可以采用多元化视角去深度剖析事物，这样产品经理就会比别人看到更多的可能性且更加接近事物本质。就像我们见到一个复杂的新奇事物时，首先会把它拿起来摇一摇，再从各个角度对它进行观察。

在分享如何拓展认知世界的边界以前，我们先看一下人类大脑的工作原理和计算机深度学习算法在形态和传输方式上的对比。大脑的神经元之间采用轴突和树突的方式相连，在树突接收到其他神经元释放的化学物质以后，当前神经元会把信号继续传递给与之连接的下一级神经元，这样不断接力，以支撑我们日常的思考和计算（见图 13-9 ）。

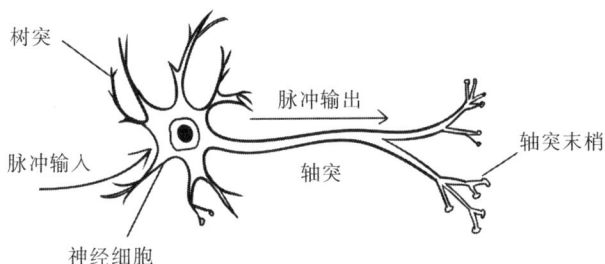

图 13-9　神经细胞的工作原理

大脑的工作原理与深度学习算法的工作原理相似（见图 13-10 ），算法中不同的输入向量近似于上一个神经元的化学信号，我们可以将所有输入向量在算法中进行汇总计算以视为神经元细胞核的处理过程，最终该节点输出给类似功能单元继续处理。

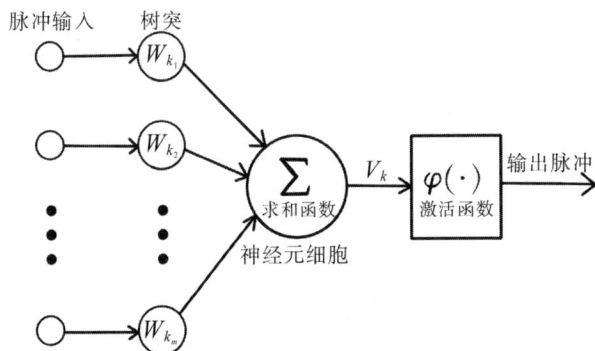

图 13-10　深度学习算法的工作原理

人工智能在不断崛起，AlphaGo（阿尔法围棋）击败世界围棋大师、自动驾驶开始在公路上掌握一定的操控权。深度学习算法结构和我们相近或还处于劣势，但它们拥有大量的输入样本进行学习，让自己从什么都不会的状态快速成长起来。

既然人脑和深度学习算法类似，那么我们是否可以利用它快速成长的原理帮助自己突破"如何认知这个世界"这个难题呢？虽然我们没有计算机的高速输入/输出且精力时间也有限，但可以在输入的内容上进行优化，实现大量输入。我们把跨学科的泛领域内容进行浓缩，融入自身已有的知识网络里进行多元化认知升级（见图 **13-11**）。

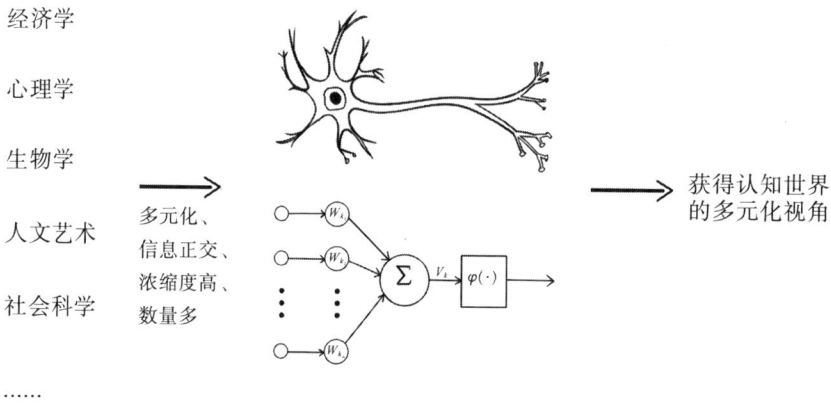

图 13-11　获得认知世界的多元化视角

1）T 形的横向拓展

T 形拓展由横向和纵向两个维度构成：纵向是专业领域，包含大量深度的思维模型，能够很好地处理垂类上的问题；横向是跨学科的泛领域，给予我们多元化的视角去认知这个世界，这是该阶段探索的重点。

我们在早期会从纵向开始并打透这个点，目前我们需要朝着横向发展，这是我们从未接触过的"藏宝地"。起初，我们也许会在付出和收益上存疑，但启动多元化领域的探索以后，我们能受益于这些思维，逐步改变之前的认知，驱散疑虑，获得持续正向循环。

♬ 经济学：经济周期、网络效应、供给与需求、规模经济……

♪ 心理学：行动偏差、峰终定律、奥卡姆剃刀、逆火效应……

♪ 生物学：优胜劣汰、自下而上、生态平衡、遗传变异……

♪ 人文艺术、社会科学……

2）高浓缩的知识

减少自己从一本书中获取知识的时间，我们读完 1 本书可能需要 2 周，而通过线上听书解读、专题讲座等平均 20 分钟就能获取一本书的浓缩精华。如果我们每天抽出 1 小时，那么 2 周可以读完 42 本书，效率提高了 42 倍。

我们也许担心无法获取整本书的全部信息，其实大可不必，获取纵向的专业知识的确需要精读整本书，这样才能形成体系、解决各类工作问题。而泛领域的内容，我们本身不具备建立完整体系的条件，同时也缺少时间和实践场景帮我们贯通，因此掌握它的精华思想就足够了，在真正需要拓展时，这会成为索引和支点，让我们知道应该朝哪个方向继续探索。

13.4 第四阶段：繁衍传承，生命持续向外延展

通过前几个阶段的学习，我们超越了自我，获得了全新的认知和思考方式，收获了未曾有过的经历。现在，我们需要完成作为英雄的使命，将生命持续向外延展。

繁衍是人类延续生命最基础的方式，我们孕育下一代，将其作为自身的一部分，在心理层面可以减少我们对死亡的畏惧。站在更大的角度来看，整个宇宙都符合熵增定律，所有事物都会从有序逐渐走向无序，而繁衍是大自然进化出的一套抗熵增的方式。

那么，我们如何更好地繁衍传承呢？我们可以传承给下一代一些宝贵的经验，这些都是独一无二且最具生命力的部分，包含爱、价值观、知识和思想、探索精神等。

它们潜移默化地通过我们在面对各类问题时所采取的行动和决策，时刻影响着下一代人，成为模仿和学习的参照物。

（1）爱是一种弥足珍贵的东西，是我们彼此通过相互给予达到的一种微妙平衡状态，如果一个人在幼年和年轻时能够收获外界更多的关爱，那么成年后他的人生会更加的幸福。后续的探索也是建立在因为拥有无条件的爱而具有的安全感基础上的，使自我不畏惧挑战，从而获得更多的机会。

（2）价值观是我们对生活中所有事物的重要性排序，每个人都有自己的认知，我们在和外界不断接触的过程中，慢慢内化什么是重要的、什么是不重要的。在这个世界中，我们时刻都在面临选择，会按照潜藏在心里的价值观给出答案，最终这些大大小小的决策组成了我们现在的生活境况。

（3）知识和思想。我们在成长过程中经历的探索和磨砺都会不断形成独特的知识体系和对某种事物的坚信。现在，我们似乎应该进行反向输出，使其他人可以站在我们的肩膀上继续构建知识体系，形式多种多样，可以是公司沙龙、讲座、直播、写书等。这个过程会比想象中的更具有挑战性，人脑不像电脑一样可以采用标准格式，几乎能实时完成复制和传输。我们需要将自身习得的经验和认知进行梳理，从模糊到清晰，最后形成逻辑严密的体系化知识。因此，我们传递的不仅是冰冷的知识，还有自己的思维方式和人生感悟，这些让知识具有了鲜活的生命力。

（4）探索精神。从人类开始直立行走到大航海时代发现新大陆，再到阿波罗计划让人类登上月球，文明进程在不断快速演进，无数的贡献者将"智慧的火种"带入人间。我们不妨加入他们，加入前沿的产品或技术团队，共同推动人类文明发展。我们可以将自己想象的独一无二的未来通过各类手段描绘出来，让越来越多的人相信并为之努力。

我们探索未知的勇气和取得的成果是对下一代人最好的馈赠，每一步都附带着个人的信仰，也许这就是精神层面的"永生"吧。相信我们的热情和执着也在感染另一批有梦想的少年。

本章小结　如何培养产品经理自成长

第一阶段，应对环境带来的挑战

1. 保护自己的成长性的方式

①归因于可控因素　②选择小挑战，
让自己看见进步

面对失败　　　　　　　　　　　　相信自己能成功

习得性无助　归因于不可控因素　　强化信念　付出更多的努力

认为现状无法改变　　　　　　　　获得成功

2. 获得高效学习引擎

刻意练习 ----- 确立目标
　　　　 ----- 持续反馈并改正
　　　　 走出舒适区

第二阶段，向生命演化学习，自适应地成长

产品战略　定位和差异化 ⟶ 行业分析 ⟶ 竞争战略 ⟶ 创新变革 ⟶ 宏观趋势 ⟶ ……

组织管理　管理的常识 ⟶ 交办的技术　谈判和沟通　　提升情绪智力 ⟶ ……
　　　　　　　　　　　　　　　　演进

自我成长　如何高效学习 ⟶ 精力管理 ⟶ 思维和决策 ⟶ 复杂系统思维 ⟶ ……

心理学　　社会心理学　行为心理学　发展心理学 ✕ 临床心理学
　　　　　　　　　　认知心理学

市场运营
数据分析
经济学
公司财务
……

第三阶段，如何认知这个世界，决定了产品经理的高度

经济学

心理学

生物学

人文艺术

社会科学

......

多元化、信息正交、浓缩度高、数量多

$\sum$ v_1 $\varphi(\cdot)$

W_1 W_2 W_k

获得认知世界的多元视角

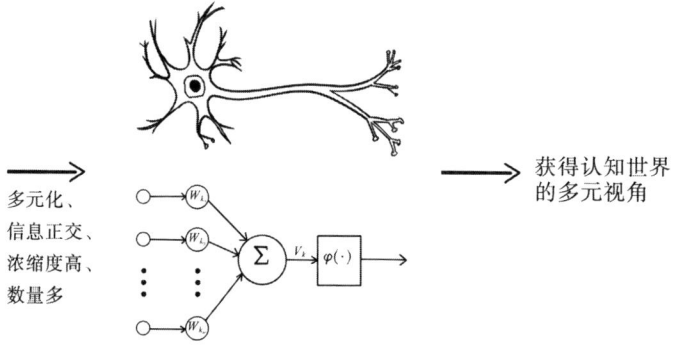

第四阶段，繁衍传承，生命持续向外延展

给予下一代人一些宝贵的经验，包括爱、价值观、知识和思想、探索精神等。